谨以此书
献给故乡——汉口村

汉川往事越千年

程声通 著

合肥工業大學出版社

图书在版编目(CIP)数据

汉川往事越千年/程声通著. —合肥:合肥工业大学出版社,2018.2
ISBN 978-7-5650-3844-0

Ⅰ.①汉… Ⅱ.①程… Ⅲ.①村史—休宁县 Ⅳ.①K295.45

中国版本图书馆 CIP 数据核字(2018)第 029108 号

汉 川 往 事 越 千 年

程声通 著　　　　责任编辑 王钱超

出 版	合肥工业大学出版社	版 次	2018 年 2 月第 1 版
地 址	合肥市屯溪路 193 号	印 次	2018 年 3 月第 1 次印刷
邮 编	230009	开 本	880 毫米×1230 毫米 1/32
电 话	人文编辑部:0551-62903205	印 张	8 后附一张彩插一折页
	市场营销部:0551-62903198	字 数	202 千字
网 址	www.hfutpress.com.cn	印 刷	安徽联众印刷有限公司
E-mail	hfutpress@163.com	发 行	全国新华书店

ISBN 978-7-5650-3844-0　　　　定价:39.00 元

如果有影响阅读的印装质量问题,请与出版社市场营销部联系调换

内容简介

汉口，古时又称汉川，地处安徽省黄山市南端，是徽州通往江西、浙江的要冲，自古山清水秀，人杰地灵。

汉口村有记载的历史起源于唐代末年，耕读传世，千年不辍，历代人才辈出，有丰富的物质遗产和文化遗产。本书通过对五十多位汉口籍人士和十多位非汉口籍人士的生平事迹陈述，梳理了汉口村一千多年的文化脉络，力图呈现汉口村的精神特质和汉口人的性格特征。

本书的内容分为三篇。

第一篇“山川形胜总多情　千年古村有传承”，通过对汉口村仅存的一本谱书的解读，分析了汉口主要姓氏程姓的发展简况，从中也可以看到汉口村的历史变迁。

第二篇“不废耕读传薪火　代有贤人耀汉川”，通过对三十余位汉口乡贤的生平事迹陈述，具体梳理了汉口村一千多年来的文化历史脉络，这些乡贤的精神铸就了今天汉口村的特质和汉口人的性格特征。

第三篇“岐阳山高沄水长　多彩汉川长留芳”，该篇的内容较为丰富，包括一些发生在汉口的历史事件、与汉口相关的一些非汉口籍名人事略、作者书写的与汉口有关的几篇短文。这些内容可以看作是对汉口村的特质和汉口人性格特征的佐证。

Look back at over one thousand year history of Chakou Village

A brief introduction

Located at south of Huangshan City, Anhui province, Chakou Village was the ancient crossroads to Jiangxi and Zhejiang Province known for its beautiful scenery and numerous talents.

With rich cultural heritage, recorded history of Chakou Village could be traced back from late Tang dynasty. Life-story statements of over 50 villagers and 10 non-villagers in the book reflects the village′s cultural context and spiritual and personality traits.

There are three chapters.

Chapter one, Village′s Inheritance. Interpreting the family tree of Cheng, the main family in the village, and analyzing the family′s development, and the traits and characteristic of the villagers.

Chapter two, Talents from the Village. Overview of its history and culture via stories of over 30 talented villagers, who have greatly influenced the characteristics of the Village and people there.

Chapter three, All about Chakou. Historical events occurred in the village. Relevant non-villager stories and other associated essays, which could be regarded as proof of characteristics of the village and people there.

序

徽州休宁县汉口村，坐落在安徽皖南山区的南端，三面环山。紫云溪由南向北穿村而过；珮琅水，由东向西于村的北端同紫云溪汇合，两水合流，谓之汉水，然后一直朝北奔向新安江。汉口村地势险要、风景秀丽，历史上是一座比较繁华的村庄；如今也是通往浙江、江西的要冲。

本书作者（左）与序作者（2014 年）

汉口历史悠久，物质文化遗产丰富，人才辈出，可以大书特书。程声通教授推出的这本《汉川往事越千年》，就是一本走进汉口、认识汉口历史的好书，和作者一年前推出的《梦回汉口》一样，较为全面地描绘了汉口历史上的人和事。从中，我们仿佛又看见了一座座古宅、古庙、古祠堂和那遍布全村的店铺、作坊，市井繁荣，令人向往。

一个小小的村落，之所以能成为一座相当繁华（在当时）的村庄，汉口程氏始迁祖程沄、程淘功不可没。还有那走出汉口、颇有建树的程珌，鹤发童颜、手到病除的神医程充、程丽芬，武术泰斗程冲斗，能文尚武的双料状元程若川，颇有创新的思想家程若庸，具有浓浓乡土气息的诗人汪洗、程伯阳、孙一元，辛亥革命先驱程家柽以及许许多多的文人学士和实业家，都为汉口的繁荣发达做出过贡献。

一串串历史英名，跃然纸上，尽现书中，都是我们汉口的骄傲。从字里行间，我们仿佛又看到了那些行驶在古驿道上，挑着柴火、土特产艰难前行的“徽骆驼”；紫云溪上吼着劳动号子的放排工；辛勤耕耘在田间地头的普通村民。读着读着，我仿佛回到了在家乡度过的那段童年时光。

汉口文化，就是徽文化的一个缩影。徽州是程朱理学的发祥地，宋明以来，这里受程朱理学影响很深。学而优则仕、三纲五常、三从四德等儒学理念深植于人们脑海，成为人们的行为准则。他们身体力行，代代相传，直至民国初期依然如此。这和当时汉口大量文化人的产生不无关系。虽然我们今天并不提倡这些理念，然而它对汉口人良好道德理念的形成，起到了历史性的良好传承作用。这些都渗透在《汉川往事越千年》的字里行间，很值得今天的汉口人好好阅读和玩味。

读了这本书，给人印象最深刻的是汉口人从古到今都有一种精神——好学、勤奋、不忘祖。

好学：汉口人自古就有读书识字的好风气，所谓“耕读传家”是也。古时村里就设有“书院”和“蒙童馆”，民国初期就有了现代小学——“二南小学”。所以汉口识字的人多，文盲少；外出求学的较为普遍，且许多人具有较高的学识，即便是古代也是如此。汉口人程珌八百年前曾写道：

外物不足恃，翻覆百年间。唯有万卷书，可以解我颜。

这就是汉口人的读书心结。

勤奋：汉口除以农为主，各种各样的手工作坊遍布全村。豆腐店、猪肉铺、纸扎店、理发店、药材铺、杂货店、水碓（米、面加工）、切面铺、棕绷店、竹木加工店、茶场、酒坊等等，林林总总，应有尽有。还有肩挑叫卖的修理工和小吃摊贩。人人都在勤耕劳作，过着“自给自足”的生活。游手好闲的极少，几乎看不到有沿路乞讨者。男孩到了十二三岁外出谋生，是这里的传统；他们从小就历练了吃苦、好学、勤奋的美德；其中不乏有很多成功人士。

不忘祖：汉口人无论走到哪里，也无论走得多远、多久，都不会忘记自己是汉口人。但凡在外有所成就者，首先想到的是回馈家乡，回乡修建祠堂、修桥补路或做其他公益事业。汉口人即便是岁数大了，也要考虑告老还乡，叶落归根。因为他们有一份浓浓的乡恋。正如汉口古诗人程伯阳所写：

还思汉口上，归去好垂纶。

本书作者程声通，汉口友恭堂人氏。民国二十八年（公元 1939 年）年 8 月 23 日出生那一天，恰好天边挂着一道绚丽的彩虹，全家人十分高兴，当即给取了个小名——长虹。长虹的一生就如那道彩虹一样绚丽多彩：小学、中学、大学、研究生，整整读了二十余年书；徽州名言“第一等好事只是读书”，他当之无愧。研究生毕业后，留清华大学任教，为国家培养了很多高级人才，研究项目多次获得国家级、省部级奖励。《汉川往事越千年》讲述的汉口古今“贤士”都是汉口人的骄傲；作者本人也是从汉口走出来的一位颇有成就的现代学者，同样值得称道。

作者退休以后，虽年逾古稀，就像许多汉口人一样，念念不忘哺育过自己的家乡——汉口。《汉川往事越千年》，还有《梦回汉口》，充分抒发了他对家乡的这份眷恋之情，也是对汉口的一份贡献。十几年前，他同其他几位同乡一道发起，组织、编写、出版了《汉口纪事》，歌颂家乡、抒发对家乡的美好情感。他还极力支持和推动了“汉口中心小学阳光奖助学金”的活动，激励家乡学子，好好学习，为家乡争光，为国家做贡献。作者的心和家乡紧紧联系在一起。

我真希望汉口的有识之士，和程教授一样，都来写写汉口、特别是写写汉口现在的人和事，正如先祖程节所言：“他日子孙视吾，犹吾今日视祖宗也”，让汉口在历史的长卷里永不断档。

从汉口走出去的耄耋老人　长泰

2017 年 8 月于芜湖

前　言

岐山苍苍，汉水泱泱。悠悠千年，历史浩荡。代有贤人，耀我汉川。

2002 年，程佑军发起汉口小学旅外同学聚会，并提议编写一本同学回忆录，2004 年付印时定名《汉口纪事》，组稿的事主要由刘双根和程佑军负责，我承担了稿件的编辑、印刷和出版事宜。

在编辑《汉口纪事》的过程中，接触到一些有关汉口历史的稿件，如汉口程氏始迁祖程沄、南宋高官程珌、学者程若庸、武林泰斗程冲斗等。其中有的似懂非懂地知道一些，有些则从未听说过。通过《汉口纪事》的编辑，我深深感到汉口不仅山清水秀，而且人才辈出、历史厚重。

但是，在相当长一段时间里，汉口厚重的历史被人们有意无意地遗忘了。我们的先辈在这块土地上艰难奋斗了上千年，曾经创造过辉煌的物质财富、留下了丰富的文化遗产，就这样无声无息地被湮灭了，实在令人扼腕。

汉口，古时又名汉川，有记载的历史源于唐朝末年，东密岩将程沄、程淘定居汉口，给人烟稀少、经济落后的汉口带来了发展机遇。作为江南望族的程氏，为汉口带来了全新的“耕读传家”模式，促进了汉口的发展。经过几代人的努力，到南宋时期，汉口的发展达到第一个高峰，经济发达，人才辈出；到了明代，出现第二个发展高峰，经济繁荣，人口昌盛。

历史是人类与自然以及与自身斗争的记录，人是历史的核心要素。本书记述了从唐代后期到公元21世纪一千一百多年间的汉口籍人士五十余人、非汉口籍人士十余人的生平事迹和逸闻传说，比较全面地反映了历史长河中汉口人的精神境界和风尚。

作者在黄沙坦上（高陇浪荡山，1994年）

本书所描述的古人事略全部来源于古籍的记载，经过作者的翻译和编辑，呈献给读者；有一些则经过作者多方核对、去伪存真，力求恢复历史真实的面貌。例如对程珌的称谓，许多人都称之为“丞相”，其实这是一种误读。程珌并未担任过丞相一职，在明代的“汉川图形”上标注的是“程相府前”，而非“丞相府前”。程珌曾经长期担任翰林学士、知制诰等要职，主要工作是为皇帝草拟文件和诏书，是皇帝的亲信，有机会为皇帝出谋划策，因此这一职务也被称为“内相”“内翰”，这也就是后人尊称程珌为“程相”的由来。

本书还对一些发生在汉口或与汉口有关的历史事件进行了考订和分析，如对朱升墓址的变迁及其与汉口的关系，误传的程冲斗的祖籍等都进行了考证；对此前推出的几本有关汉口的书籍《汉口上村志》《汉口纪事》和《梦回汉口》中出现的一些错漏也予以订正。

在评价先人时，我们常常会陷入矛盾和痛苦之中。在一千多年的历史长河里，汉口的先民击风搏浪，写下了许多可歌可泣的篇章；但不可否认的是，近几百年间，汉口这个小村落和全中国一样，在世界进化的洪流中落伍了。欧洲从中世纪的愚昧中苏醒，经过文艺复兴、思想启蒙和工业革命，经济、文化空前繁荣；而中国自秦始皇焚书坑儒以来，两千多年几乎就只干了一件事，那就是武装夺权和反夺权，其结果是导致思想禁锢，经济停滞，我们的生产方式和生产力水平与两千年前并无多大进步，以至于当列强的坚船利炮开到家门口时，我们的老祖宗只能用大刀、长矛进行无谓的抵抗。

一千多年来，徽州一直处在“理学”发展的核心区域，汉口村具有浓厚的儒家理学传统。今天看来，这些传统中，有很多不合时宜的成分，例如儒家提倡的“三从四德”“三纲五常”等，是严重侵犯基本人权、扭曲人与人之间的正常关系、阻碍社会进步的陋规，今天必须摒弃。

对于我们的先人不能过于苛求，不能要求几百、上千年前的汉口人就具有今天汉口人的思想和眼光。在当时的时代背景下，他们都是社会的佼佼者。当然，出现在本书中的人物只是无数汉口精英的代表。

对待传统文化的正确态度应该是“扬弃”，即发扬好的、抛弃坏的；“全盘肯定”和“全盘否定”都是错误的。很长一段时间里，对老传统不分青红皂白，一概排斥、一概打倒，对社会稳定和发展造成了极大的伤害。几十年来，汉口村的物质遗产和文化遗产遭到灭顶之灾，就是最好的例证。

在《梦回汉口》中，笔者将汉口人的特质概括为“厚德责己、勤俭守信、孝悌礼让、重文尚武”十六个字，未必完全准确，但这确实反映了汉口人的性格特征，本书所描述的汉口人再次验证了这一点。汉口一代一代先人们铸成的这种品格，正是我们今天需要继承和发扬的优良传统。

本书写作的目的，在于弘扬汉口的先贤们奠定的“厚德责己、勤俭守信、孝悌礼让、重文尚武”的精神和风尚；激励汉口的后来人，在新的历史条件下，不断创新、不断进步，建立起新的、符合历史发展潮流的道德观和历史观。

本书的内容分为三部分。

第一篇“山川形胜总多情　千年古村有传承”，通过对汉口村仅存的一本谱书的解读，分析了汉口主要姓氏程姓的发展简况，从中也可以看到汉口村的历史变迁。本篇也介绍了汉口村的山川形胜和风物人情。

第二篇“不废耕读传薪火　代有贤人耀汉川”，通过对数十位汉口乡贤的生平事迹陈述，具体梳理了汉口村一千多年来的文化历史脉络。书中的乡贤来自社会各个阶层，具有广泛的代表性，他们的言行和精神，经过千年传承和发展，铸就了今天汉口村的特质和汉口人的性格特征。

第三篇“岐阳山高沄水长　多彩汉川长留芳”，该篇内容比较广泛，包括发生在汉口的一些历史事件、与汉口相关的一些非汉口籍名人事略、作者书写的与汉口有关的几篇短文。这些内容可以看作是对汉口村的特质和汉口人的性格特征的佐证。

汉口是一个历史厚重、人才辈出的地方，《汉川往事越千年》只表达了九牛一毛。汉口的历史上，曾经有明代嘉靖年间的程元成（汝玉）写过《汉口志》，清代康熙年间的程逢年写过《汉口续志》；还有程隐、程充、程节等续编过族谱，很可惜这些志书和谱书大多没能得以传世。到了20世纪90年代，村民刘双根编写了《汉口上村志》，为汉口村留下了宝贵的史料。希望生活在汉口或生活在外地的汉口人，学习先辈人程元成、程逢年、刘双根等的爱国、爱乡情怀，不仅要关心、建设好汉口，也要继承和弘扬汉口的优良传统，让汉口村的精神能够一代一代薪火相传。

本书涉及的时间上下一千多年，很多篇幅是讲述古代汉口和古代汉口人的故事，需要引述一些古文和古诗词。对此作者尽可能给出通俗的解释，但免不了有不确切或误解之处，还请读者指正和鉴谅。还有些地方直接引用了一些古文原文，是因为它们具有画龙点睛之功效，有兴趣的读者可以深入钻研；即使跳过这些，也不会影响对全文的理解。

笔者和历史上很多汉口人一样，从小背井离乡，在外面漂泊了一辈子，对家乡的人和事缺乏深入了解。本书的选材未必全面和具有代表性，书中的一些见解也只是一家之言，读者可以品头论足，抒发见解。汉口是一个具有深厚人文传统的地方，相信后人一定会填补前人的空缺，让汉口的历史更加完善。

在本书写作过程中，得到家兄程声达（长泰）很多指教和帮助，他不仅阅读、校对了全文，指出诸多错讹和欠妥的词语，还为本书写了序。乡友程素芬、孙宝庭、程素贞、刘一棋、陆更、程泽民等为本书提供宝贵资料和图片，徐雁英译内容简介，程路用电脑修复友恭堂照片和拼接“汉川图形”，侯静创作素描插图。在本书写作与出版过程中，还得到众多亲朋好友的帮助，在此一并表示感谢。还要感谢清华大学图书馆，丰富的古籍及现代图书典藏，为本书的成稿提供了保证；无所不能的互联网，也是本书得以完成的好助手。

2017 年 9 月于北京

目　　录

第一篇　山川形胜总多情　千年古村有传承

第二篇　不废耕读传薪火　代有贤人耀汉川

第三篇　岐阳山高沄水长　多彩汉川长留芳

第一篇　山川形胜总多情　千年古村有传承

一、硕果仅存话族谱

汉川程氏六十二世祖程公一帆，清光绪二十六年（公元1900年）出生在汉口友恭堂，十六岁赴上海学徒，在上海生活工作了一辈子。1991年，九十一岁高龄的他回到老家，一周以后，无疾而终。正应了“树高千丈，叶落归根”那句徽州老话。

一帆公留下的遗物中，有一册《汉川程氏世系谱》。这是一个合订本，包括四个互相独立的内容（按照原装订顺序）：（一）《休宁汉口程氏本支重续谱》序；（二）“汉川图形”；（三）《新安汉口程氏支系谱》；（四）《汉川程氏历世典籍纪略》。由于年代久远，原谱册的封面已经不可辨认，现在的封面是汉川程氏六十四世孙程声达（长泰）在公元1991年所题。

一帆公留下的这一百多页纸，重量不过半斤，但它是汉口村一千多年历史的沉淀，是汉口成千上万先民血汗的结晶；仅一张“汉川图形”和一份“典籍纪略”，就浓缩表达了汉口村一千多年的物质遗产和文化遗产。

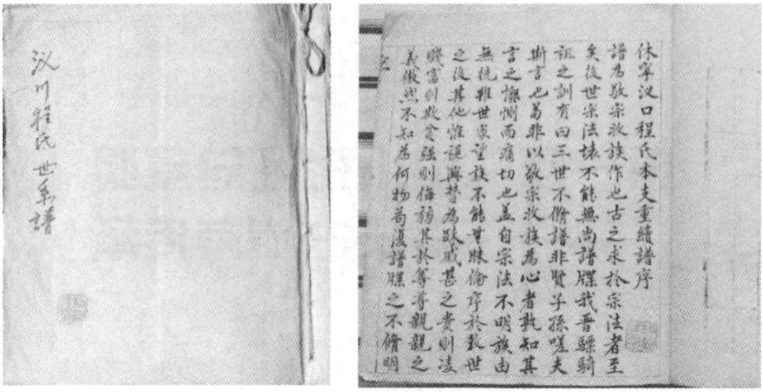

休寧汉口程氏本支重續譜序
譜為敬宗收族作也古之求於宗法者至
矣後世宗法壞不能無尚譜牒我晋驃騎
祖之訓有曰三世不脩譜非賢子孫嗟夫
斯言也蔼非以敬宗收族為心者孰知其
言之慷慨而痛切也蓋自宗法不明族由
無統雖世家望族不能[illegible]脉倫序於數世
之後其他雖[illegible]為[illegible]戒甚之貴則凌
賤富則欺貧強則倫弱其於尊者親之
義儼然不知為何物苟譜牒之不脩明

程公一帆保存的《汉川程氏世系谱》及其扉页

从一帆公的曾祖父辈（程嵩年）开始，到他的祖父（程翼堂）和父亲（程文卿）都曾在汉口开办“茶号”，从事茶叶的收购、加工和贸易。得益于当年的对外通商，生意做得顺风顺水。19 世纪中后期，建起了“友恭堂”这片建筑。

从左至右：老更楼、怡萼轩、敬爱堂、环水山庄、万松书屋、
怡怡堂、棣华轩、瞻云堂（大屏风）、老厨房

友恭堂电脑复原图

《汉川程氏世系谱》中记载的最晚时间是咸丰七年（公元 1857 年）。当时，一帆公的爷爷（翼堂公）已经成年，是远近

知名的士绅、“清诰授朝议大夫[1]”；距一帆公的父亲（友恭堂新五房程文卿）出生也只有12年。

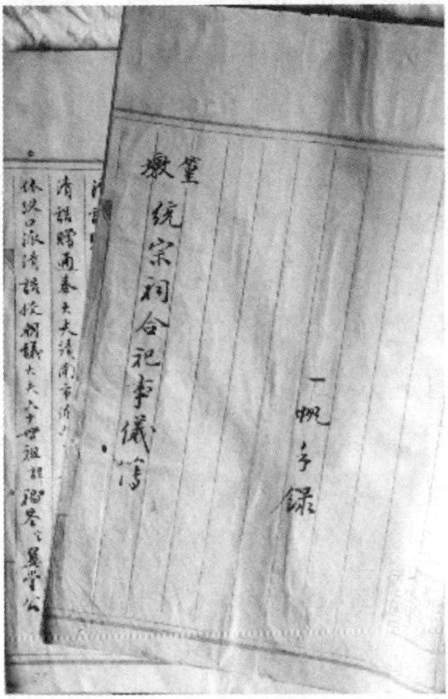

一帆手录

可以设想，一帆公保存的这份材料，原先由他的祖父翼堂公保管，后来传给他的父亲程文卿，存放在友恭堂正厅——瞻云堂。1916年一场大火，将瞻云堂化为灰烬，这本世系谱被抢救出来，逃过一难；接着，一帆公的父亲、母亲和哥哥（也就是我的曾祖父、曾祖母和祖父）相继去世，一帆公出于思乡念祖之情，将这本谱书带到了上海，以便随时翻阅。

不曾想，一帆公这一举动，使这本谱书躲过了其后发生在

---

① 程一帆，一帆手录，“篁敦统宗祠合祀事仪簿”之“各派附祀迁祖神主列后”中：“休汊口派清诰授朝议大夫六十世祖讳福基字翼堂公”。朝议大夫：有衔无职散官，从四品。一帆手录是一本抄自篁敦“程氏统宗祠”的历代祭祖仪式记录，抄录年代为20世纪40年代后期。

汉口的兵乱、土改、“大跃进”等变故；原先和这本谱册存放在一起（友恭堂棣华轩“新屋”）的许多图书、字画都没有逃过这些劫难。更为令人惊奇的是，这本资料能在“文化大革命”中得以幸存，不能不佩服一帆公的勇气。在那场灾难中，很多文物不是被红卫兵以“破四旧”为名毁掉，就是被文物的主人因担心罹罪而自毁掉。一帆公在自身受到打击的境况下，能够将这样一本充满“封建迷信”色彩的谱册保存下来，真是我们后辈人的幸运。如今，他老人家逝去已经 20 多年，其中的真相和原委已经不可能知道，但有一点是清楚的，为了保全这本谱书，他老人家一定承担了极大的风险。

20 世纪 80 年代，有一次去上海看望一帆公，他郑重其事地交给我两件东西。第一件是一张 35 毫米的小照片，拍的是 1931 年的友恭堂全景。当年，我的父亲成婚，一帆公回老家为他主婚，带了一个照相机回到汉口拍摄的。一帆公还在照片背面注明每一个建筑物的名称。当年友恭堂主建筑瞻云堂已经被烧毁，照片上的瞻云堂是后来用电脑复原的。

第二件是一本烫金封面的《程氏家藏墨宝》拓片，这本拓片包括朱熹、宋郊、苏洵等名家有关程氏的题词、题字。这本墨宝在“文革”中差点被毁，是一帆公从红卫兵手上抢救回来的，从封面照片上可以见到被折叠的痕迹，他还为此立了存照。

程氏家藏墨宝封面（460×300 毫米）

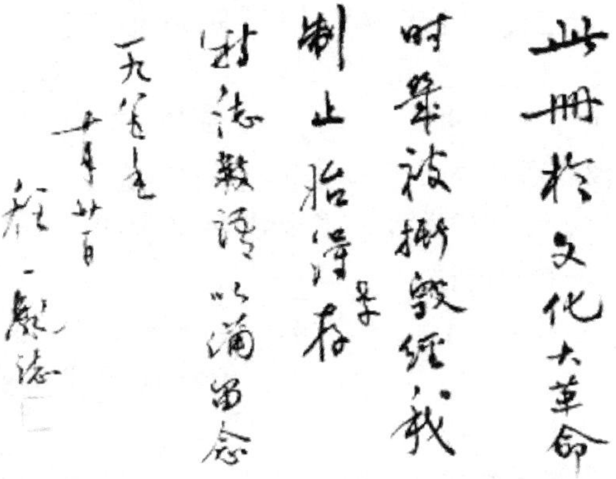

一帆公遗墨

汉口的先人在这块土地上繁衍生息、艰苦创业一千多年，留下丰富的物质遗产和文化遗产，在我们这一代人手里几乎毁坏殆尽，真是令人痛心疾首，愧对前辈祖宗。

历史是不能隔断的，也是不可能被割断的。和一个国家一样，一个村庄的今天是在前天和昨天的基础上发展过来的，不以人的主观意志转移。即使毁掉所有的文物，也改变不了历史，更改变不了现实，只能给未来添加迷惘和创伤。只有懂得历史，才可以更好地指导今天、建设明天。

古人说：“以史为鉴，可以知兴替。”我们这辈人的无知，在很大程度上是不懂得历史，以为历史是可以由得人们乱涂瞎抹的，岂不知那些对历史玩世不恭的人，最后都成了历史的玩偶，甚至是历史的罪人。

感谢一帆公，为汉口的后人留下了一把认识汉口历史的钥匙，可以让后来人更好地了解和懂得汉口。

愿更多今天的汉口人和明天的汉口人，认识汉口的历史和历史的汉口，是我写作本书的初衷。

二、初读《汉川程氏世系谱》

（一）关于《休宁汉口程氏本支重续谱》序

《休宁汉口程氏本支重续谱》序的作者是程节，书于明嘉靖十一年（公元 1532 年），主要内容是阐明家谱修编的意义和当年修编宗谱的过程。

程节，又名程存节，字志坚，汉川程氏十九世祖，（明）成化辛卯年（公元 1471 年）生，生活在明代正德、嘉靖年间，著有《松丘集》。

程节在序的开始就开宗明义地指出："谱为敬宗收族作也，古之求于宗法者至矣。""苟复谱牒之不修，明则族属无纪，而尊卑无定分，后世何所于考，期不至于相视为途人者?"

程节感叹，汉口自逸民公（程隐，字逸民，汉川程氏十七世祖，生活在明成化、弘治年间）前次修谱至今不过六十余年，族中"已有限于贫贱、安于卑污，惧而不肯相认者；有依附势焰，冒认他姓，不复以祖宗为祖宗者矣。然则数世之后，尚可望其相收而不相远，如途人之相视也哉?"

因此，程节感到修谱的必要性和急迫性，在族长和族中长辈的支持下，联合同宗兄弟叔侄，在逸民公旧谱的基础上，"为本支重续谱一通"。稿成之时，程节已经六十一岁，他感到如释重负，"呜呼，此一人之身在今日，固与族人均祖宗之子孙也，他日子孙视吾，犹吾今日视祖宗也。岂本无恩义而可以相薄乎?"

汉口程姓有修谱的传统。程沄兄弟定居汉口之前，居住在篁敦的程氏家族就有家谱，程沄的长兄程洎在躲避黄巢之乱时，将这本《程氏家谱》携带到了江西[①]；后来程淘又组织编

① 程洎：汉口程姓始迁祖程沄的长兄，在避黄巢之乱时由篁敦迁居江西。

写了《程氏世谱》（约公元892—907年）；程沄的第四代孙程承议（义）在上述两谱的基础上，编写了《程氏世谱》（公元1043年）；后来程祁又修编了《程氏世谱》（公元1095年），上述这些谱牒的修编都与汉口密切相关。[①]

汉口自身也有编写谱牒的记录。从程节描述逸民公"重修以来"可以看出，在逸民公之前，汉口程氏就已经有修谱的历史。据《新安名族志》记载，汉川程氏十六世程玩曾编统宗谱六十卷[②]；玩公的儿子程充（用光）与族弟程隐（逸民）修编程氏谱二十卷；十九世程节续编家谱十六卷[③]。一帆公保存的《新安汉口程氏支系谱》的修编时间更是延续到了公元19世纪的清咸丰年间。

按照程节所编谱牒的名称，该"本支谱"应该包括汉口程氏的本谱和支谱，即汉口程姓的总谱。逸民公及以前所编的汉口程氏宗谱已经失传；程节续编的《汉口程氏本支重续谱》十二卷三册，现在北京图书馆有保存[④]。

（二）汉口程氏的早期发展

现在能够见到的汉口程氏早期世代记录多有不同，可能源于古人的名字比较复杂，既有乳名、学名，许多读书人和生意人还有号名、别名，记载不免有差别；此外，历次修谱的资料丢失也是主要原因。下面的分析基于一帆公保存的《新安汉口程氏支系谱》的资料，并参考了多种公开发表的文献。

黄巢之乱后，程沄（字仁功）和程淘兄弟定居汉口（公元895年前后），成为汉口程氏一世祖。程沄去世后葬篁敦；

① 林济，《宋元宗族谱系的构造——以徽州程氏为例》，《安徽史学》，2014年第3期。

② （明）戴廷明等，《新安名族志》，黄山书社，2004年5月版，第42页。

③ （明）戴廷明等，《新安名族志》，黄山书社，2004年5月版，第720页。

④ 程宗成，程氏家乘谱牒及其存放地（安徽省），程氏家谱网论坛，2016年4月29日。

程沄的长子仲繁（字茂林）镇守祁门，生子熺和燿，燿成年以后回到汉口祖居地①；程沄的次子仲节迁歙州古城，玄孙炤始居休宁山斗；三子南节镇守休宁，居休宁陪郭。程淘无后，继子程旭镇守开化马金，后代居开化霞关。

从程沄定居汉口到第六世，大约一百年间多是单传，有的虽非单传，但兄弟中有人迁居外地，程氏在汉口的繁衍缓慢。

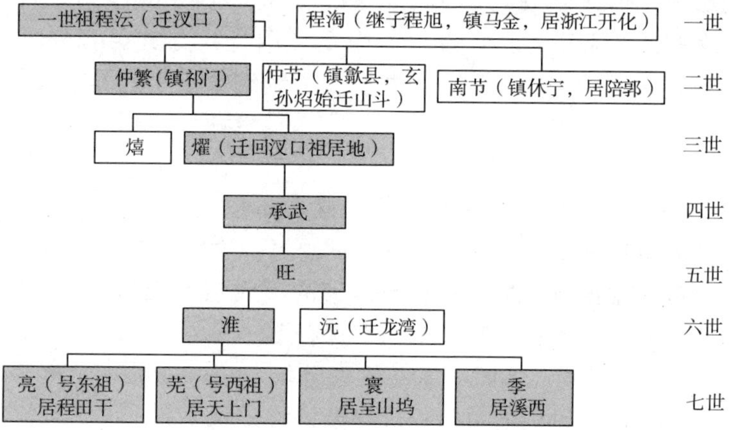

汉口程氏的早期发展（一世至七世）

到了第六世（北宋初年），淮公生育四个儿子：亮、芜、寰和季；宋太宗太平兴国时期（公元976—984年），也就是程沄定居汉口大约一百年之后，四兄弟分家，成为四个门派，汉口开始出现程氏支派。后来寰和季的后世陆续迁往外地，亮公和芜公成了其后汉口村程姓的主要源头。在刘双根所编《汉口上村志》中提到的“程氏东祖祠堂”和“程氏西祖祠

① 据《善和分支程氏家谱》：仲繁公生五子，第五子“令沫公，行六，又名耀宫、和好、知好，迁居休宁汉口移府，子一承武”。

堂”①，就是为纪念汉川程氏七世祖亮公（号东祖）和芫公（号西祖）兄弟而建，这两个祠堂分别在公元1974年和1965年才被拆除，说明亮公和芫公的后代一直在汉口繁衍生息。

亮（字克明，号东祖）的后代人才辈出，程珌、程若庸等皆出其后。亮的后代除了在汉口繁衍，还有很多因从官、就业或经商等原因迁居外地，多有人才涌现，如元代江西大儒程钜夫、乾隆元年状元休宁金瓯人金德瑛（祖上过继到金家）等都是亮公的后代。发展到第十二世，亮公的后世已经非常繁盛②。

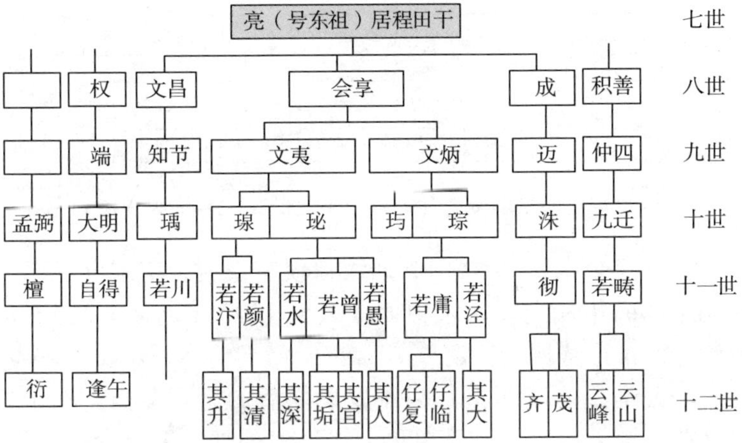

汉口程氏的早期发展（七世至十二世）（1—亮公支派）

芫（字克俊，号西祖）生二子：豫和狞；狞迁下汶溪；豫生三子，长子和次子皆无后；三子承聪生五子：争、震、護、伍、小，第一、二、四、五子皆无后；第三子護生三子：

① 刘双根，《汉口上村志》，第99－100页。

② 本图绘制根据：朱开宇，《家族与科举：宋元明休宁程氏的发展》，《台湾大学文史哲学报》，2003年第88期。

杭、松、琮。

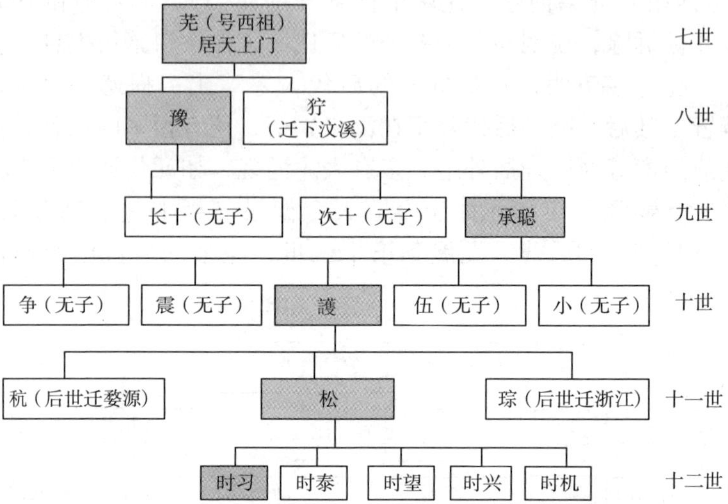

汉口程氏的早期发展（七世至十二世）（2—芜公支派）

松（字公永，号秀轩），居汉口溪东下村，南宋宣议郎①。松公生活的年代当在南宋中期（公元1200年前后），当时的政治、经济形势比较稳定。

松公是芜公（西祖）门派发展之后的重要节点，在十二世之前，芜公后世一直是单传，或迁居外地，人口增长缓慢。松公生有5子：时习、时泰、时望、时兴、时机，其后人丁迅速增长。

（三）关于《新安汉口程氏支系谱》

该《支系谱》在一帆公保存的谱册合订本中占据主要篇幅，其第一部分概括了汉口程氏从一世祖沄公到十世祖護公的发展脉络。

① 宣议郎，唐、宋散官名，从七品以下官员称宣议郎。

为了突出修谱人所在支系，汉口程氏本支和其他支派的很多内容都没有登入，如七世亮公后裔中人才辈出、枝繁叶茂，该谱几乎是空白。

该《支系谱》尊汉川程氏十一世祖松公为该支系的一世祖，在汉口建有松公祠。其实，松公五个儿子中，只有长子时习公一支入该谱，其余四人都不在其中，直至松公、时习公的后裔十一世（即汉川程氏二十一世）原公和安公两兄弟时，才列入两支。也就是说，该《支系谱》实际上是汉口一世祖沄公→七世祖芜公→十一世祖松公→十二世祖时习公→二十一世祖原公、安公及其后代的谱系。

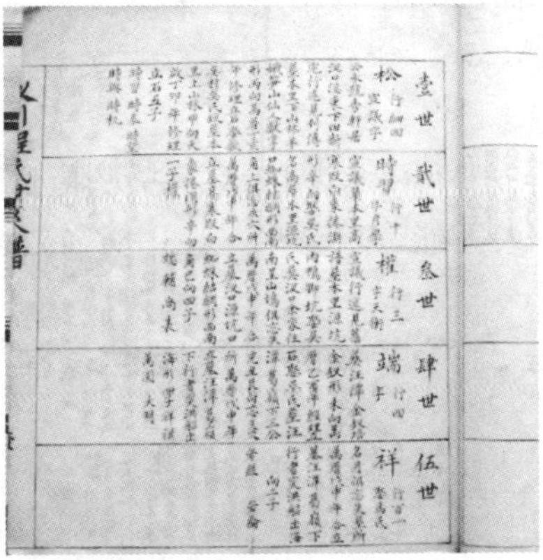
壹世 松
貳世 時習
叁世 權
肆世 端
伍世 祥

《新安汉口程氏支系谱》截图

原公和安公分别出生于明洪武庚戌年（公元 1370 年）和壬子年（公元 1372 年），该《支系谱》记载的最晚时间出现在第六十二页“日荣”公，清嘉庆庚午年（公元 1798 年）生；同时，在第六十二页，还记录了清咸丰七年（公元 1857 年）发生的旅居外地的兆麟公后裔回到汉口接续宗支的事。这说明该《支系谱》的最后修编或续编年代当在清朝中晚期（太平天国前后）。

若自程沄定居汉口起算，该《支系谱》的记录延续时间近一千年，对于研究汉口以及程姓在汉口的发展很有意义。

由于该《支系谱》只包含汉口程氏众多支系中的很小部分，汉口历史上众多的知名人物没有出现，如编写《汉口程氏本支重续谱》的程节、编写《汉口志》的程汝玉、武术大家程冲斗等。

《支系谱》的编修人或续编人不详，缺少修编说明，是一大缺憾。对于人物、时间和事迹缺乏仔细核对校正，存在一些错讹，例如《支系谱》开始写道："元谭公传至二十五世而生三子：谅公、干公、纂公，纂公又生八子……"应是"元谭公传至二十五世而生三子：谅公、干公、纂公，纂公生珍公，珍公又生八子，……"之误；还有，有关程若川的世代记载可能也有错误。

修编家谱是一件很不容易的事，古人限于资料和手段，难免存在不足，今人不能苛求，只是使用时需要多加辨别。

三、再读《汉川程氏世系谱》

（一）"歙州都知兵马使"的传承

程沄因抗击黄巢乱军有功，被唐朝廷封为"歙州都知兵马使"，程沄年老时将封号传于其弟程淘。

大约在程淘的暮年，唐朝已经灭亡，进入五代十国，歙州的地盘前期属于吴，后期属于南唐，在很多方面沿袭唐代旧制，唐代的封号可以世袭。程淘将封号传于其继子程旭，程旭传于其从子程杭，程杭又回传于程沄五世孙程淮。

《汉川程氏世系谱》中的记载与程敏政在《新安程氏统宗世谱序》中的叙述基本一致。程敏政写道："曰沄者，起兵休宁，守东密岩以拒巢副陶雅，为歙州兵马统帅兼捍开化，而其弟湘以工部尚书守婺源，子仲繁以户部尚书守祁门、浮梁，仲节以兵马先锋守歙，南节以领军大将军守休宁。沄传（歙州都知兵马使）其弟淘，淘传其继子旭，旭庙食开化龙山，赐额显佑；（旭）传其从子杭，杭传其从孙淮、沅。盖程氏凡五世守东密岩。”这里，“五世守东密岩”系泛指程氏五代镇守歙州大地。

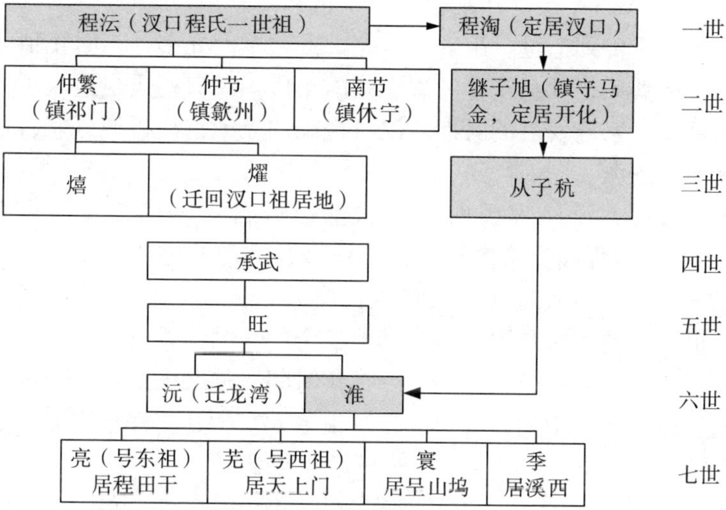

“歙州都知兵马使”的传承

程敏政提到程旭的从子“杭”是程沄的堂兄弟程凉的孙子①。《新安名族志》中记载有：“忠壮公十七世曰杭，唐末分兵镇婺源陀川，嗣东密岩将，遂家于此（临溪街）”，成为临溪程氏始迁祖。在《新安汉口程氏支系谱》中有同名“杭”者（汉川程氏十一世），可能系重名。

程淮承袭“歙州都知兵马使”不久，宋朝统一中原，随着宋兵的南下，世袭的“东密岩将”体系瓦解，程氏在歙州

① 程锋、程景梁，《程元潭与徽州社会》，黄山书社，2016 年第 136 页。

不再拥有特权。但是，经过百年的发展和五代人的经营，程氏家族已经在歙州大地上扎下深厚根基，加上自古以来的“耕读传家”的家风，程氏家族很快就从“官道”转换到“学道”，通过刻苦研读，再创辉煌。

（二）《新安汉口程氏支系谱》谱系分析

1. 从芜（七世）到松（十一世）

程沄传到七世，出现亮、芜、寰、季四兄弟，当时正值宋朝经济繁荣、社会安定的太平兴国年代，汉口程氏也进入了人丁繁盛、家族发展的时期。汉口程氏四兄弟首次析产分家，形成四个门派。

按说，汉口程氏四个门派都会有自己的谱系，但只有《新安汉口程氏支系谱》传世，该谱系的源头是四兄弟中的老二——芜公。从《新安汉口程氏支系谱》上溯到芜公以至一世祖沄公的线索是清楚的。其他三个门派的谱系已经失传。

从芜公到松公大约经历一百年时间，从北宋最为繁荣的时期过渡到南宋中期，汉口的先祖很多人在朝廷担任小官职，如程豫是承事郎[①]，程護和程松都是宣议郎。

2. 从松公（十一世）到安公和原公（二十一世）

松公大概生活在南宋的中期，从松公往下三代都是宋朝的基层官员（宣议郎）。从松公到原公、安公，中国社会进入了大变动时期，历经了北宋、南宋和元代。到和公、连公时期，已经从元代进入明代，安公和原公都出生在明代洪武年间。元代的谱系记录比较简单，可能与当时的社会不安定有关。

---

① 承事郎，散官名，宋始置，为文官第二十三阶，正八品。

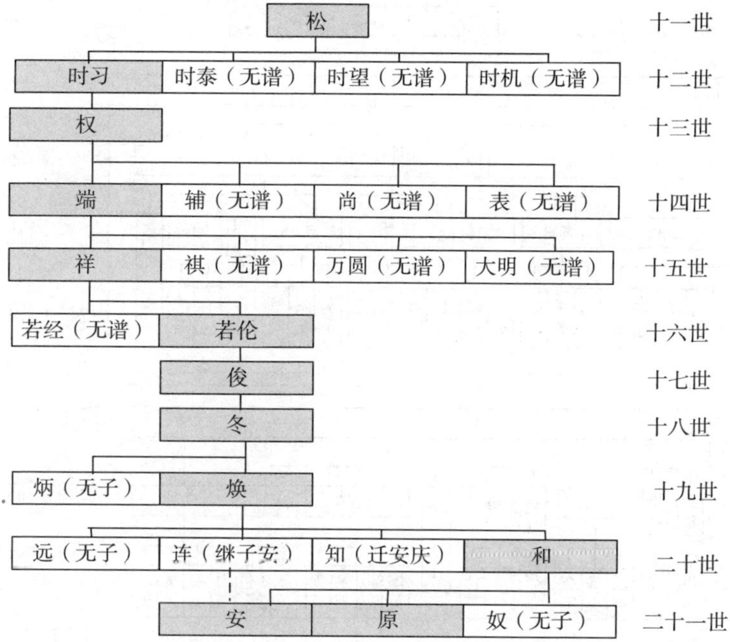

《新安汉口程氏支系谱》的世代传递

3. 安公和原公以后的发展

安公和原公两支是该《支系谱》的主干，他们之后在汉口的发展有“膨胀”之势；整个明代，可能是汉口发展的一个高峰期。安公传四代，人口已经发展到 37 人（仅指男丁，下同）；原公四代以后也发展到 10 人。下面以安公和原公支系为例（二十一世至二十五世）绘制世系图。

《新安汉口程氏支系谱》尊汉川程氏十一世松公为一世祖，在汉口建有松公祠；但是从松公到安公和原公的谱系并不完善，其中很多世代的支谱缺失，人物的生卒年份和世代也没有交代清楚。从安公和原公开始的两个支系，特别是贯穿整个明代的谱系比较完整，可以看出，该支系谱的修编人当是原公

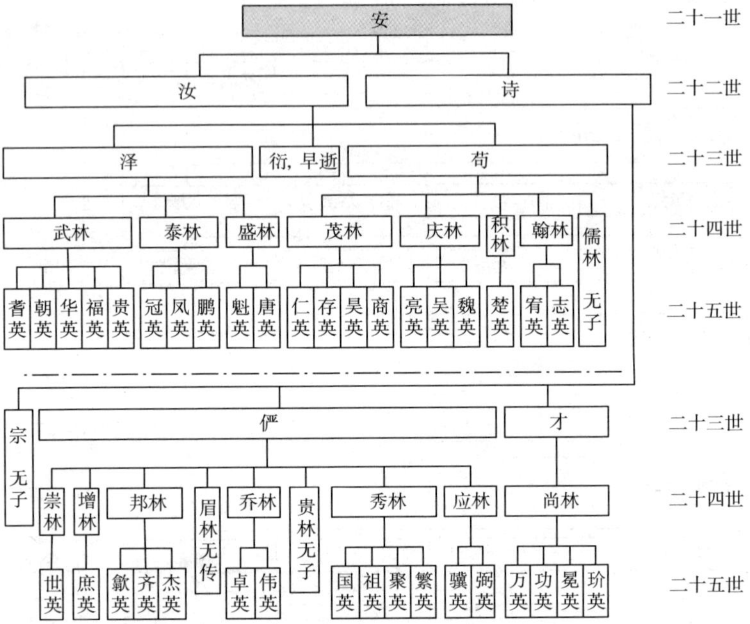

安公支系谱系图

或安公的后代。

二十五世以后的支系繁多，记录多有不详，系统分析困难，只做一些重点追溯。

例1：《新安汉口程氏支系谱》第27页“子鋐”：子鋐，又名鋐，字坚鸣，号汉南、府增、广生，万历戊戌年（公元1598年）二甲十二名进士。

从《新安汉口程氏支系谱》对“子鋐”进行追溯：

子鋐←天荫←益罗←魁英←盛林←泽←汝←安←和←焕←冬←俊←若伦←祥←端←权←时习←松←護←承聪←豫←芜←淮←旺←承武←燿←仲繁←沄。

例2：《新安汉口程氏支系谱》第97页“子颐”：子颐，

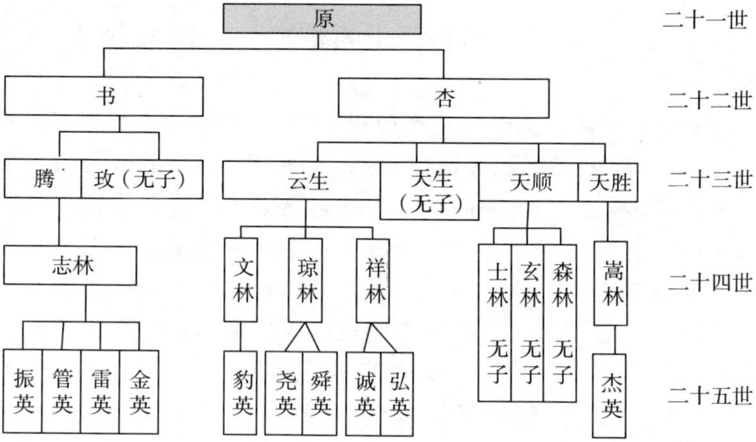

原公支系谱系图

字涵初，堂名养正，国子监生。天启壬戌年（公元1622年）辟义勇[1]……著有《武备全书阵图》行世。万历癸酉年（公元1573年）生，崇祯庚辰年（公元1640年）卒，寿六十八岁。根据谱系追溯：

子颐←天秉←益淳←魏英←庆林←苟←汝←安←和←焕←冬←俊←若伦←祥←端←权←时习←松←護←承聪←豫←芜←淮←—←承武←燿←仲繁←沄。

子颐有一子，名时起；时起有一子允祯，其生平均无记载。

从上面两个追溯的例子可以看出，子颐和子鋐是安公之后的堂兄弟，同属汉川程氏二十八世。往上回溯六代，他们的先祖都是程汝。

---

[1] 辟义勇，指明代在民间招募义勇军，抗击倭寇。

四、三读《汉川程氏世系谱》——家族故事

（一）接续宗支——寻亲归祖

由于读书、经商、从政的需要，汉口人不断走出大山，足迹遍布各地。但是，树高千丈、叶落归根，散落在外地的汉口人无时不想念家乡。这里说的故事发生在清代咸丰年间。

清咸丰六年（公元 1856 年），汉口人接待了一名来自松江府的客人方雅生，他找到汉口程氏族长耀彩叔，为他的姐姐认祖和找继承人。故事还要从 32 年前说起。

松江府娄县①新阳镇有一儒生，姓程名丙熊（生于清嘉庆丙寅年，公元 1806 年），二十岁时娶本镇方锄园之女（以下称“方女”）为妻。婚后不过百天，丙熊因传染天花，一命归天。方女痛不欲生，决意尽节，随丙熊而去。

方母自然不舍，就劝慰女儿：“你这一去，倒是清净，可你想想，丙熊留下一个年迈的姑姑和一个年幼的妹妹，谁来照顾？你‘一死皆死，一存皆存’”。在母亲的劝慰和开导下，方女艰难地活了下来，伺奉老姑，照顾小姑。老姑在方女的照顾下，颐养天年，七十岁归天；方女厚葬老姑，又遵家姑遗命，为小姑准备嫁妆，待出嫁时，又置田十三亩相赠。

从《新安汉口程氏支系谱》分析，自程丙熊的上祖兆麟公迁居松江府至此已历五世，从丙熊的祖父辈开始都是单传。方女苦于没有后代，香火无法接续，五十岁时委托其兄方雅生寻访到徽州，“直至休邑汉口，乃是真亲，认族拜祖”，并与程姓长老商议过继子嗣之事。

从谱系上溯，丙熊是启学公、茂林公、苟公之后：

---

① 秦于今江苏昆山东北置娄县，南朝梁改信义县。清顺治年间，分松江府首县华亭置娄县，民国时并入华亭，华亭旋又改名松江县。

丙熊←锡淇←瓒←昆←兆麟←启学←子翔←天拱←益胜←商英←茂林←荀←汝←安←和←焕←冬←俊←若伦←祥←端←权←时习←松←護←承聪←豫←芫←淮←旺←承武←燿←仲繁←沄。

丙熊公属汉川程氏三十四世，其先祖启学（二十九世）在康熙朝诰封光禄大夫（一品），启学的后代都在外地为官，且定居外地（松江府等地）。

考虑到茂林公一支留在汉口的人丁稀少，经过协商，遂选次房庆林公（见“再读《汉川程氏世系谱》”）后裔发贵作为继嗣，发贵的先祖以琏公和兆麟公同属汉川程氏三十世。发贵的谱系关系如下：

发贵←日荣←世爵←成龙←永杰←整如←光治←以琏←道明←子贞←天鉴←益壮←亮英←庆林←荀←汝←安←和←焕←冬←俊←若伦←祥←端←权←时习←松←護←承聪←豫←芫←淮←旺←承武←燿←仲繁←沄。

按谱系推算，发贵应属汉川程氏三十七世，是丙熊的曾孙辈。咸丰六年（公元 1856 年）方女立继书将发贵改名为迎祥，过继（出绍）为曾孙；次年，上述事件列入《新安汉口程氏支系谱》谱册。

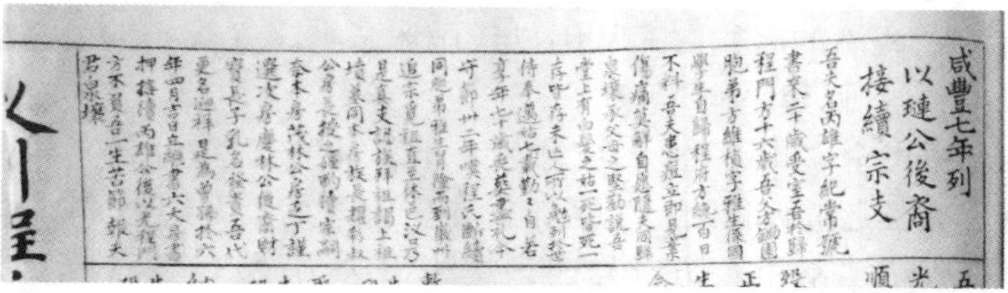
咸豐七年列
以璉公後裔
接續宗支

方女继书截图

根据谱系记载，发贵的父亲日荣公生于嘉庆庚午年（公元1810年），发妻离世（道光己酉年，即公元1849年）后续弦，发贵（迎祥）为继母所生，咸丰六年（公元1856年）过继时，当在五岁左右。发贵的后代现今境遇若何不详。

方女的事迹感动了乡邻，同治七年（公元1868年），方女的堂侄方观峰委托举人、国子监助教赴礼部申请旌表；次年礼部行文要求知县王其淦申报详情，最后巡抚回复礼部意见，准予旌表建坊。如今牌坊安存否不详。

（二）家族纷争——“十万公”风波

在《汉川程氏世系谱》第二页中有这样一段记载：“明太常寺卿（程）南云由江西至汉口会谱，族人不礼之。大富荣（富溪，或大富营）程曈者冒认为己派，又于珍公八派内加一渝字，谓珍公九派。嘉靖间，时贤执辩不已，后得元建昌处士郢谱，其论始息。”

程南云（？—1458年），江西南城人氏，大书法家，任职南京大理寺卿时（正统年间，1436—1449年）曾来汉口认祖。程南云的先祖是汉口“十万公”，到了汉口以后，发现汉口历史上有两个十万公，使他感到困惑。

“十万公”，大富翁也。

汉口第一个“十万公”，或称“大十万公”是程渝，生活年代在唐朝末期，大约公元9世纪。程渝是程沄的弟弟，黄巢之乱后定居汉口，后迁居闵口，“以物什其万，人称十万公”①。程渝的后代有人从闵口迁居休宁富溪（大富营，今称大阜）、江西建昌府②等地。

第二个“十万公”，或称“小十万公”，是汉川程氏十四世、亮公七世孙程绪，生活年代在南宋末期，大约公元13世纪。程绪“富甲一方，号四门程十万公，汉口溪西四门程，

---

① （明）戴廷明等，《新安名族志》，黄山书社，2004年，第47页。

② （明）江西建昌府，府治设南城，今属抚州市。

由此后居闵口。”[①] 程绪的后代有人迁居湖北郢州（今湖北钟祥境内）；再后来，有人从郢州迁居江西建昌府。

两个“十万公”、两人都从汊口迁居闵口、两个江西建昌程氏支派，使得事情有些复杂。后来从江西建昌得到处士[②]（程巽——亮公五世孙，“小十万公”程绪的祖父）郢州支派的族谱，才理清了程氏建昌支派与“十万公”的关系。原来，程南云属于程钜夫的后代，是从湖北郢州迁到江西建昌的，属于“小十万公”一派，即程沄的后代。

到了嘉靖年间，江西盱江（也属建昌府）人程栴[③]主持“大十万公”程渝的后人会谱，当时参加会谱的主要是三个支派：休宁闵口、富溪和江西建昌。由程栴主持，编写了《十万程氏会谱》，他们都是程渝的后代。

事情至此并没有结束，嘉靖年间（公元1522—1566年），汊口秀才程梦龙对两个“十万公”的并存提出质疑，写了一册《十万公辨》，由闵口解元程应徵作序。程梦龙自诉写作原因是：“今年，族众以别派妄认吾族祖‘十万公’，编刻诗序，布满四方，虽曰蝉鸣蛙闹，诚恐以伪乱真。乃汇吾族先达英贤相传序记、派系，有关‘十万公’者，集为一轶，以告宗亲高明，剖析真伪。”程梦龙这段话的背景可能就是《十万程氏会谱》。《十万公辨》的焦点在于程沄是否有程渝这个兄弟。程梦龙认为，根据程洎（程沄的长兄）的后代提供的一本篁敦程氏家谱，其中并无程渝其人[④]。该家谱写着：程沄的父亲程珍一共生了八个儿子：洎、沚、浑、泽（早卒）、沄、湘、淘和汾，即所谓“珍公八子”，没有“渝”。

汊口和富溪相距十五里路程，在历史上本是两个以程姓为

① （明）《汊川程氏世系谱》（手抄本），第2页。

② 处士，古时候对有德才、隐居不愿做官者的称谓。

③ 程栴，字文纯，号南楼，江西盱江人，（明）正德十一年举人。

④ 程大志，唐末宋初新安程氏家谱的继承，程氏家谱网，2014年1月27日。

主体、世代和睦相处的村庄，《十万公辨》的出现就像一颗炸弹，引爆了两村程姓族群的矛盾。

世居富溪的老儒生程曈[1]对于《十万公辨》中“始有珍公八子八房，而无我始分之祖渝公；终辨我富溪先曾祖‘十万公’之为非”强烈不满。又说，“曈见其（指程梦龙）援引，考其议论，自相矛盾者有之，不识真赝者有之，未窥其藩篱者有之。窃惟祖宗之受诬，为子孙者苟能知其实，顾可不摭其实以雪其诬哉？不知其实，不明也；不雪其诬，不孝也，其可谓子孙乎？”程曈因祖宗受诬气愤万分。

程曈是远近知名的老儒生，时年已经七十多岁，他以《谱辨》和《珍公八子辨考》予以回击，程曈认为，篁墩程氏家谱“祖孙相传，多历年数，文字漫灭，世次不明”，不可全信，并举出外姓学者勿斋先生[2]的《德秀行状》为证：程渝“居汉川，号四门程；迁闵川，号十万程；有‘十万公’墓在焉者是也”。

汉口人对程曈的答辩表现得几乎失去理智，用各种方法对程曈进行报复。汉口人“大发雷霆之怒，下责丘山之罪……今当伺其出入，拦截之，羁縶之，羞辱之，一曰拔其髯，挞其背，一曰幽囚之，绝其食，使不毙于吾人之手不信也”。

对于汉口人的过度反击，程曈感到事态严重，整个富溪会因他罹致大祸，于是致函汉口程梦龙，主动要求和解；并表示，可以上门负荆请罪。

汉口人还是不依不饶，表示要断绝交通，堵住富溪进出的咽喉，逼其就范。这一招使程曈感到不寒而栗，因为汉口是富溪进出的要道，封锁交通无疑是将富溪逼上死路。

---

① 程曈（1480—1560 年），字启皦，号峨山，休宁富溪（今大阜）人。立志不仕，潜心理学，有《新安学系录》《闲辟录》等传世。

② 胡颐，字叔正，号勿斋，（明）粤新会古蚕人，曾任黟县教谕。

于是程曈四处致函求救，先是写信给族亲程应徵（解元），得到的回复是汉口人用武力解决问题是“道路传闻，未必皆实……事出族众一朝之忿，今已融释，解纷息争……必不扼人以险”，就是说，你就放心吧，富溪人路过汉口必不会遇到刁难。

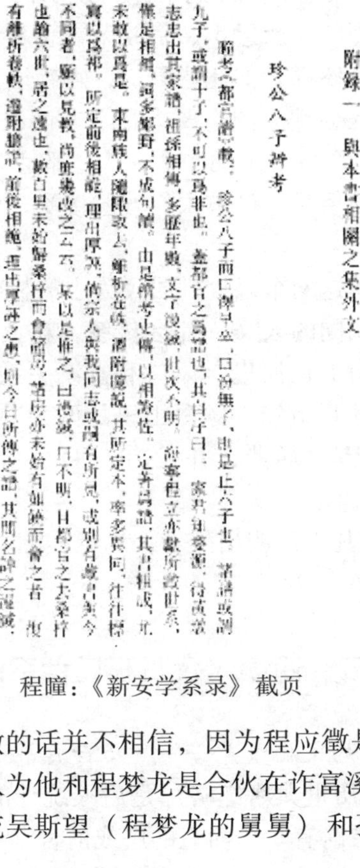
附録一　與本書相關之集外文

珍公八子辨考

新安學系録

程曈：《新安学系录》截页

程曈对程应徵的话并不相信，因为程应徵是《十万公辨》的序作者，程曈认为他和程梦龙是合伙在诈富溪人；于是又先后求助于社会名流吴斯望（程梦龙的舅舅）和孙光宇（执事，相当于乡长助理）。

程曈的努力受到宗族和社会各界的重视，社会贤达和宗族长老纷纷出面，要求汉口族人通晓情理、序尊卑长幼、交友言而有信。在各界人士的调停下，总算度过了这场危机。

大、小“十万公”生活的年代，距离当时已经分别过去了六百多年和三百多年，事实真相难以还原。因此，危机的解决回避了“谁对谁错”，而是从家族团结的大局出发，搁置争议，重新和好。

“十万公”风波从开始到平息，说明两个问题：第一，程氏家族有着强烈的宗族意识、宗族荣誉感和对先人的虔诚，无论汉口，抑或富溪都是如此。第二，宗族道德和教化是缓解社会矛盾、维护社会秩序的重要力量。老话说，“五百年前是一家”，又说“一笔写不出两个程字”，都是对宗族势力和宗族权威的概化和通俗化，已被人们普遍接受，成为解决宗族内部矛盾的利器。

汉口和富溪这两个以程姓居民为主的村庄，有着相同的自然风貌，有着相同的人文、社会传统，耕读传家，代有才人。在一千多年的历史长河里，汉口和富溪关系亲密，相处和睦，像养在深闺中的两姐妹，像深山里的两朵映山红。“十万公”风波只是一个历史插曲，并没有对两个村的关系造成负面影响。

（本节引文凡未注明出处者，均见程瞳著《新安学系录》，黄山书社，2006 年 11 月）

五、四读《汉川程氏世系谱》

（一）丰富的文化遗产——《历世典籍纪略》

《汉川程氏历世典籍纪略》是后人统计的汉口程氏宗人的著述目录，目录前有一个简短的序或前言（书者不详），曰：

燕水手笔，欧苏韩柳。经传羽翼，程朱尚友。吟弄风月，覆瓿击缶。

言与德功，实同不朽。东阁华堂，而今安有？手泽存焉，

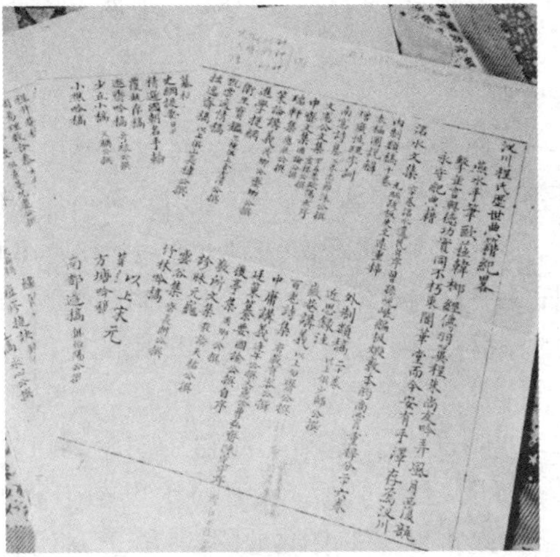

《汉川程氏历世典籍纪略》

汉川永守。

纪典籍

该典籍目录共收集从宋至清，历时大约1000年的汉口程氏编撰的著述目录共187种，其中宋元23种，明代97种，清代67种。

上述这些著述，有的被四库全书收录，如程珌的《洺水集》30卷，程可中的《程仲权先生集》；有的被历朝翻印流传至今，如程若庸的《增广性理字训》，程充的《重订丹溪心法》，程冲斗的《耕余剩技》，程子颐的《武备全书》，程履新的《山居本草》等。

从典籍目录看，涉及的内容非常广泛，有政府公文、有历史挖掘、有理学研究、有医学专著、有诗词歌赋、有教育论纲、有尚武健身、有声乐音律、有家居烹饪等，从一个侧面反映了古代汉口人的文化修养和精神境界。

这份“纪略”的汇集时间在清代中后期，从前言中的

“手泽存焉，汉川永守”看，“纪略”中所列举的著作，当时都应该存世，如今大多已经灰飞烟灭，只能见到其中的一部分，真可惜！

（二）一张珍贵的写实地图——“汉川图形”

“汉川图形”标出了汉口村的山川、河流、道路、名胜古迹、居住点，见到此图就好像回到几百年前的汉口村。

与中国古代写意构图不同，这是一张二维写实地图，表达了地物、地貌相对准确的位置，接近现代的构图方法。地图的范围南至上村头、北至粮富干，东到岐阳山东侧，西到世忠庙，面积约2平方公里，基本上涵盖了现今汉口村的核心区。

该图没有标明绘制时间。从河西永思祠中董其昌①题写的“珠池”二字可以推断，此图成图不会早于明代后期，董其昌生活的年代在明嘉靖—崇祯年间，万历十七年（公元1589年）中举进士。另外在图上标有“民泰里”的字样。“里”是宋、明时期使用的基层行政单位的名称，清代恢复元代的名称“图”，由此可以确定此图的成图时间应在明代晚期，距今约四百余年。

从“汉川图形”看，明代汉口村的街道、屋宇布局与当今已经很相近；民间传说当年汉口村有“八百烟灶”，即八百户人家，其人口规模与今天也很接近。

（三）汉口的山川形胜

汉口附近的山脉，高低错落有致、土质肥沃。高山宜林，以出产建筑和家具用材的杉木为主；低山宜茶，是“屯绿”的主要产地之一；生活中离不开的柴薪也来自大山的无私奉献；河流两侧的平川地则被开发为水田，种植水稻，有完善的自流灌溉系统。

---

① 董其昌（1555—1636年），字玄宰，号思白，又号香光居士，华亭（今上海松江）人，万历十六年（公元1588年）进士，著名书画家。

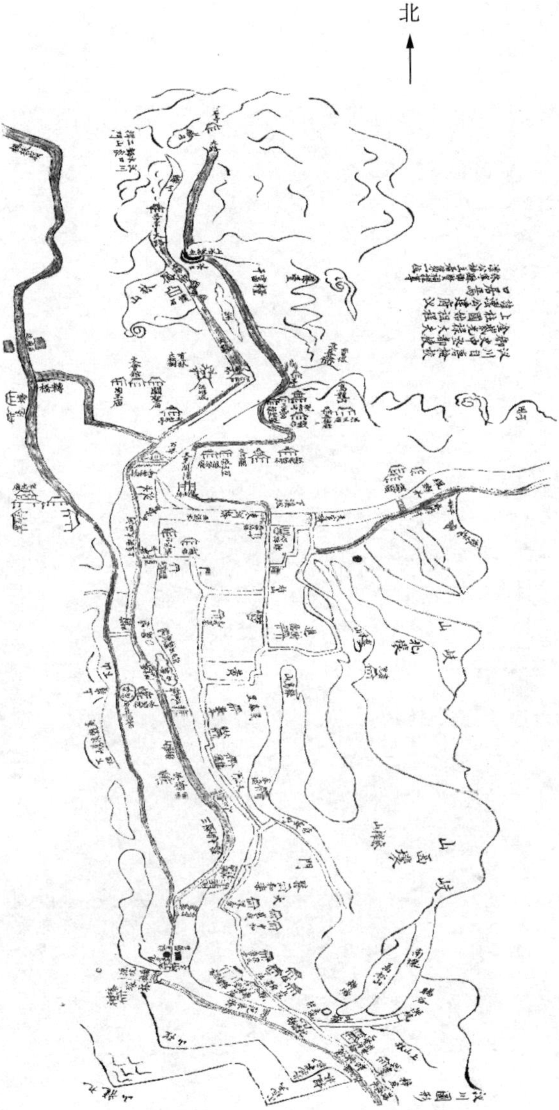

汉川图形（明代，电脑拼接：程路）

汉口卫星图片（2017 年）

村庄的布局与两条母亲河——南来的璜源水和东来的珮琅水以及汉口的地标——岐阳山密切相关，所有道路和建筑都依两河一山展开。

汉口南大门——笔山（右）

沄溪一瞥（21 世纪初）

璜源水和珮琅水是汉口人饮用水水源地，也是人们洗涤食物和衣物的地方，夏天又成为汉口人的天然游泳场和大浴盆，水流的动力还被用来碾米和灌溉，山里的木材和竹材要经由水路源源不断地输送到杭州、上海。

汊口的水路不能通船，但可以放流木排和竹排。宋朝政治经济重心南移以后，江南的经济快速发展，徽州大山里的杉木和楠竹得到开发利用。小河上的木筏和竹筏漂流了上千年，直到20世纪60年代，205国道开通以后，水路运输才逐渐为公路所取代。

汊口的先民对这片山水怀有特别的感情，一些自然景观被冠以人性化的称号。如巨岩因状如“鼓”和“笏”被命名为“鼓石”“笏石”（在观音堂附近）。民泰桥下游河水中两块裸露的基岩被称为“石狮戏球”。凤林附近一块形似官帽的岩石被称为“石幞”（俗称“纱帽石”，已经被破坏）。还有一块最富传奇色彩的蛤蟆石，状如青蛙，匍匐在“上水鲶鱼”附近的古道旁，头朝临溪，尾向汊口，人们戏称“吃临溪、保（拉）汊口”，俨然成了汊口的保护神和财神爷，在汊口和临溪两地都流传着很多关于蛤蟆石的故事。

岐阳山（又称岐山、旗山）是汊口的地标性地物，像一面展开的大旗，千百年来，汊口的村民在这面大旗的指引下战天斗地，休养生息；岐阳山南侧的小山峰称万松山，是南宋端明殿学士程珌的长眠之地，山脚建有端明公祠，在“汊川图形”上标为“赐谷”和“供坑”，意为皇上赐予的山谷和祭祀先祖的地方。程珌退休以后曾在此遍植松树和梅花，后人因而称万松山。万松山的“梅花洞”是汊口一景，在《休宁县志》和《徽州府志》上都有记载。

璜源水西侧有一串低矮的山丘，远处看去像一条卧龙，在龙首部位（龙头岩）建有观音堂。今汊口小学（原汊口程氏宗祠）附近，有一座马鞍形小山，“汊川图形”上标为高陇浪荡山（俗称“黄沙坦”），是小学生课余最爱去的天然游戏场。汊口的南大门是笔山（又称笔架山，古地图上称“火把尖”），北大门是狮山和象山（在凤林、山头附近）。

岐阳晨曦

万松山上菜花黄

（四）汊口的道路

汊口位于安徽南部、屯溪盆地的南缘，地处古道要冲，往南是绵亘数十里的白际山脉，翻过马金岭就是浙江的开化、衢州；往北是物华天宝、人杰地灵的徽州腹地；往东越过白际岭和璜尖可以到达浙江的遂安（因建设新安江水库而淹没）和淳安；往西可以抵达婺源、江西上饶等地。

通向各地的古道用花岗岩石板铺砌，宽三、四尺，翻山越岭、曲曲弯弯，绵绵无尽头。徽州多雨，河流沟壑遍布，沿途有很多石桥、木桥联通。每隔数里路建有凉亭，石梁、石柱、瓦顶，既供路人休息，也供在田里劳作的农人中午用餐和小憩，汉口村附近比较著名的凉亭有粮富干亭、石厢亭、上马亭、红庙亭等。

徽开古道石板路

汉口老木桥——万松桥

20 世纪 60 年代修建 205 国道时，一部分石板成了公路的路基，更多的则成了修建水利工程的石料，在新的时代，这些默默无闻的石头，又做出了新的贡献。

汉口村内部的道路系统，最晚在明代已经形成。从“汉川图形”可以看出，当年的道路走向和村庄布局，与现代已经很接近。居住区主要分布在珮琅水以南、璜源水以东的岐阳山北麓和西麓，珮琅水以南和璜源水以西建有大量公共建筑和纪念性建筑。

古水碓

古道长亭—粮富干亭

明代汉口的对外主要通道很可能建在河西，“汉川图形”标明，在河西有一条大道沿汉水和璜源水由南向北纵贯全村，相当于一条绕城大路；这些街道都有命名，由北向南分别称为“五里亭大路”“河西大街”“打剪街”和“三盘街大路”。清代以后，可能由于河流的冲刷和地形的变迁，河西大道退化，交通重心逐渐转移到河东，但河西大道至今仍然有迹可循。

自古以来，在这些古道上，往来的挑夫、商贾和学子络绎不绝，进山者在此补充行囊，出山者在此歇脚打尖，促进了汉口的繁盛。20 世纪五六十年代，全村还可以见到不少带商店门脸的建筑，分布在上村、中村和下村道路两侧的三个商业点，汉口商业的繁盛可见一斑。

在山货集中上市的时候，如春笋、茶叶、秋粮收获季节，行进在石板路上的挑夫人流如潮、蔚为壮观。可以说，明清时期徽商的财富在很大程度上是挑夫们用双肩挑来的，石板路上那些裂缝和坑洞就是最好的见证。人们把徽州人称作“徽骆驼”，这个词用在挑夫身上再形象不过了。

农历三月三日，是道教真武大帝的寿诞，每年这个时节，古道上热闹非凡，一队队善男信女，打着彩旗，背着道具和行囊，络绎不绝地从璜尖、白际、璜源以及浙江开化等地沿着古道前往道教圣地齐云山朝圣、祈福。朝圣队伍中不乏戏曲、武术、杂耍爱好者，每到一个村庄，锣鼓、唢呐齐鸣，边行进、边表演，引来不少村民观看，沿途不断有善男信女加入朝圣者的行列。

程氏定居后的一千多年里，汉口村没有战争的记载，村民的生活比较安定。但是，外部环境的变化也会波及这里。太平天国曾在这里驻兵，1987 年，在后田曾经出土太平天国制造的炮弹；第二次国内革命战争时期，汉口曾经受到波及，但没有被严重破坏；1938 年春国共合作，改编后的新四军北上抗日，曾在汉口短暂休整，当年刷在墙上的“团结抗日”“打倒托派卖国贼”等大红标语直到 20 世纪六七十年代还清晰可见；据说陈毅还曾下榻友恭堂新屋的“玻璃窗”。抗日战争时期，徽州成了孤岛，汉口村远离了那场灾难，村里许多青年人投笔从戎，沿着这条古道走向抗日前线；1949 年春，一部分淮海战场上的国民党败军沿着徽开古道从屯溪撤退到浙江、福建，汉口遭受严重骚扰，有的村民被掳走，至今下落不明。不久，人们又从徽开古道上迎来了解放军。

（五）汉口的居住区和宗族

为了纪念汉口程氏始迁祖程沄，程沄故居对岸一座山被命名为“程山”，村民称璜源水流经程沄故居前的一段为“沄溪”。

从前，汉口村的居住建筑主要分布在璜源水以东和珮琅水以南的岐阳山山麓。“汉川图形”标出了当时汉口几个主要姓氏家族：程、范、黄、汪和孙。

到明代末年，程氏已经在这片土地上生存繁衍了七八百年，成为远近闻名的望族；范氏自程珌的二姐携幼子范震从博村迁居汉口，已有四百余年，代有才人；汉口黄姓[①]“出五城派，六宣议之子曰天锡（赐），仕宋迪功郎，传六世曰醃始迁于此”。另据弘治《徽州府志》载，“黄寺丞何墓在二十五都汉口”[②]（二十五都应是二十都之误），黄何是程珌的舅舅，黄何墓为何在汉口？汉口汪姓“出（休宁）西门派，曰洗者，师朱枫林（朱升）、赵东山（赵汸），国初（明朝初年）自西门迁此，建养晦山房终老矣。”[③]“汉川图形”上有汪王庙，是汉口汪氏为纪念远祖汪华所建。汉口孙姓出草市（今属黄山市屯溪区）派，明洪武年间，有一位名为忠原的人，因“行义重其乡，爽负才艺”，受程伯奇之聘来汉口授学，其后在汉口娶妻程氏，成家立业，为汉川孙氏始迁祖[④]。

由同血缘的兄弟或父子组成的“堂”是汉口基本的经济、

---

① （明）戴廷明等，《新安名族志》，黄山书社，2004年第170页。
② （明）弘治《徽州府志》卷二，第19页。
③ （明）戴廷明等，《新安名族志》，黄山书社，2004年第217页。
④ （明）戴廷明等，《新安名族志》，黄山书社，2004年第488页。

社会单元，“堂”的存在是家族生存和发展的需要。“汉川图形”标明，当时在汉口就存在众多的堂号，如寿传堂（范姓）、乐善堂（孙姓）、和乐堂、中和堂、成义堂、深秀堂、怀德堂、敦本堂、树德堂、承德堂等。

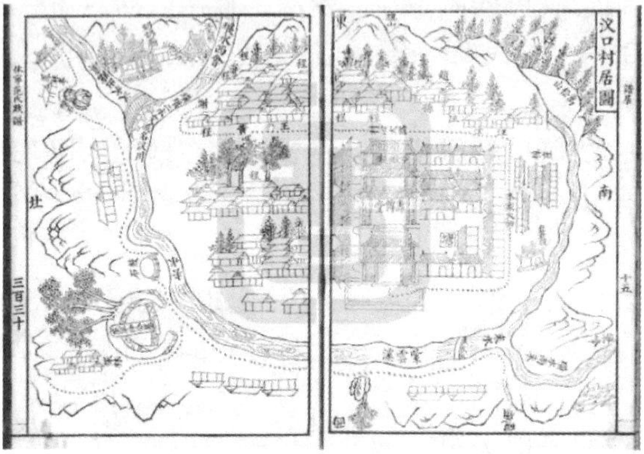

（明）汉口范氏村居图

汉口燕贻堂门楼（1990 年代）

到了清末民国时期，上述堂号基本已消失，或已经解体，与上述堂号对应的建筑基本都已毁坏，仅树德堂尚存。到了清代，从树德堂衍生出“十公房”；到了清代中后期，又从中衍生出“友恭堂”，直到 1949 年，友恭堂的男丁每逢大年初一都要到树德堂举行祭祀典礼。据汉口老人回忆①，树德堂里挂了许多匾额，包括“状元及第”“戴顶花翎”等，说明从汉口村树德堂这个支派走出不少英才。

到了清代，由和乐堂衍生出“崇基堂”和“燕贻堂”，这两个堂的成员很可能是程珌的直系后代，程珌墓的祭祀一直由这两个堂承担，直到 1949 年。

据刘双根和程声达 20 世纪 90 年代的调查，至清末、民国时期，汉口共有堂号二十多家，比较有代表性的有上村的崇基堂、燕贻堂，中村的友恭堂，下村长巷的谷贻堂以及后田水楼上的安吉堂等。

随着清代中后期国内外形势的变化，这些堂号走上了不同的发展道路。上村崇基堂注重教育，在经商的同时，一批子弟走上求学之路；中村的友恭堂则主要发展实业，从事制茶和茶叶贸易；水楼上的吉安堂在上海等地经营和发展当铺业；长巷的谷贻堂的后代则走上从政之道。

1949 年以后，随着农村生产关系的变革，所有的堂号都彻底瓦解了。

（六）汉口的公共建筑

“汉川图形”上标明的庙宇、祠堂多达三十余处，汉口这样一个不算大的村庄，有如此多的公共建筑，说明当年居民的生活比较富足、社会比较安定、文化比较繁荣。

进士坊（石牌坊）伫立在村北珮琅水北岸进村大路上，可能建在南宋，民国时期已毁；此外，建在观音山北面塔山上的宝塔与河西五里亭大路上的石牌坊，都是古时候进入汉口村的标志。

和乐厅坐落在汉口上村大胜门附近，其建筑在汉口村可能

---

① 李祥成，《糊里糊涂的经历》，《汉口纪事》，2004 年第 99 页。

是最气派的，包括一幢雕梁画栋的主建筑和一片建筑群，还附有一个果园。大胜门附近可能是程氏迁居汉口最初的定居点，到明代，这里似乎还是汉口村的居住中心区之一。和乐厅在民国时期已毁。

树德堂是明代汉口程氏的一个支派，聚居在汉口下村和后田。树德堂的建筑（规制类似于祠堂）在20世纪70年代依然完好，曾作为后田生产大队的队部，于20世纪80年代被拆毁。

大胜门坐落在汉口上村，在汉川图形上只标出地名，没有建筑物标志，说明在汉川图形成图时，大胜门的建筑已经消失。传说当年程沄领导的岩兵和黄巢乱军曾在此激战，并获大胜，建凯旋门以资纪念。此说未必可信，在程淘所著“程都使沄世录”中并没有关于此战役的记载。更可能是在程沄定居汉口以后，或后人为纪念程沄，在程沄的故居（亦称帅府）前建立的纪念性建筑，也有可能大胜门就是程沄故居的大门。

世宗庙，俗称“忠壮殿”，是为了纪念南朝程灵洗而建的“行祠”。元朝泰定年间（1324—1327年）始建，后几经复建，至明朝成化己亥（1479年）年最后一次修缮。庙成之时，翰林学士程敏政专程来汉口祭拜，并作《休宁汉口世忠行祠记》，以资纪念。汉口“忠壮殿”建筑宏伟，塑像威严高大，一直香火兴旺，汉口和附近村庄的程姓后裔每年都有祭祀。汉口世宗庙始建于元，修缮于明，到1949年，有六百多年的历史，由于缺少维护、管理，损毁于20世纪六七十年代。如今，在世忠庙的旧址上，建起了汉口初级中学，学子们朗朗的读书声是对先辈的最好告慰。

观音山位于珮琅河河口北岸，山顶上建有观音殿，供奉观世音和弥陀菩萨，殿前整齐排放着铜铸的大香炉、大缸、仙鹤、麒麟等。从山脚到殿前，需要步行数十级石阶。到达殿前，极目远眺，可以将汉口村尽收眼底，高耸的岐阳山，奔流不息的璜源水和珮琅水，白墙黛瓦、鳞次栉比的徽派民居一览无余。观音山的建筑也是毁于20世纪五六十年代，现在山上长满了葱翠的杉树。

观音堂位于璜源水西岸中段，在一个巨大的岩石（俗称“龙头岩”）上建有一座两层的建筑，供奉救苦救难的观世音菩萨，常有善男信女来这里求子问仙；信徒还可以将殿里的观音菩萨迎回家中供奉，以求赐福。古建在20世纪六七十年代被毁；90年代，村民刘双根出资修复了部分古迹。

修复后的观音堂庙亭

程珌墓位于岐阳山南支万松山上，在“汉川图形”上标为“赐谷”“供坑”。“赐谷”意为皇上赏赐的山谷，“供坑”意为供奉先祖的地方（坑，休宁话，山坞也）。万松山下建有端明公祠，从山脚到墓前有长长的石阶，石阶两侧伫立两排石人石兽（翁仲），有石像生、石马、石羊、石华表各一对和石雕五凤楼一座，象征程珌在世时的位高权重。端明公祠早已损毁消失，石人石兽一直伫立到20世纪70年代，据说它们为兴修水利做出了牺牲。

明代诗人汪洸凭吊程珌墓后，留下七律“云溪万松岭程内翰墓”，曰：

内相遗踪何处寻，万松青锁郁森森。

两行翁仲标黄壤，十丈穹碑倚翠岑。
雪案几人灯火志，冰岩千古岁寒心。
清风不断云溪上，冠剑空遗草木深。

五猖殿位于汉口至源芳的大路旁，供奉马精、猴精、狗精、鸡精和蛇精等凶神恶煞，但其造型似人像。善良的人们祈祷它们不要骚扰地方、搅戕世界，寄托人们祛邪、避灾、祈福的美好愿望。五猖殿在20世纪50年代尚保存完好。

在“汉川图形”中还标有一处“永思祠”的建筑，这可能是一座纪念性园林建筑，其中有著名书法家董其昌书写的“珠池”二字，可见“永思祠”的建筑有较高的规格，永思祠和董其昌的手迹不知所终。董其昌为永思祠手书“珠池”二字的缘由很可能是应汉口人程再伊或赵时用之请。董其昌（1555—1636年）是万历十七年（1589年）进士，程和赵分别是万历二十六年（1598年）和万历四十一年（1613年）进士，都曾长期在朝廷供职，与董其昌是同僚，而且在时间上有交集。

在“汉川图形”上，程氏宗祠位于观音山南面，清代搬迁到河西原永思祠旧址。程氏宗祠的建筑有严格的规制，坐北朝南，门前有一个广场，两个大狮子把门。进入棂星门，沿一条甬道，通往仪门。过了仪门是花园和抚廊，花园里种植各种花卉。花园往北是享堂，全部石柱石梁，中间有一个戏台，可以举行祭祀大典，也可以演戏。享堂北面是一个天井，然后拾级而上进入寝厅；寝厅是两层楼建筑，楼上、楼下都是安放祖先牌位的地方。

民国以后，程氏宗祠用作兴办汉口小学（早期称休宁县二南小学），原建筑在20世纪70年代已经完全拆除。20世纪90年代，经老台胞、老校友程祖培穿针引线，争取到香港同胞的资助，建起了新校舍；以后又陆续建起若干座辅助设施和小操场，极大改善了教学条件。

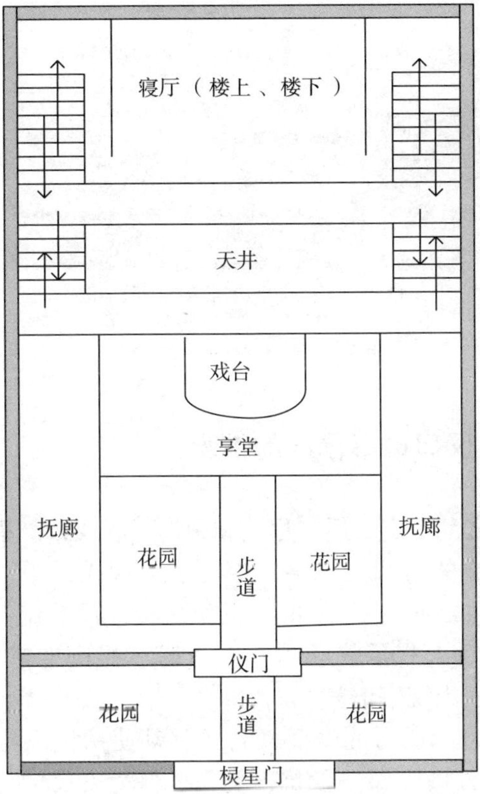

汉口程氏宗祠平面图

还有一处汉川图形上没有标出的建筑——红庙，因其围墙全部涂成红色而得名，红庙又称将军殿。红庙的梁、柱全部采用樟木，不长蛀虫、不结蛛网，俗称无尘殿。红庙的建造年月不详，可能在清代中、后期。正殿供奉一位红脸将军、一位黑脸将军和一位太子，周围还有文武百官。因为缺少记载，人们不知道这两位将军是何方神圣。从汉口的历史分析，红庙供奉的神像应该是汉口程氏始迁祖、东密岩将程沄、程淘兄弟和程沄的儿子仲繁。人们为了纪念程沄兄弟抗击乱军、保境安民的丰功伟绩，为他们重塑金身，立庙永记，庙名“将军殿”，名副其实。

1970—1990年

2000年建成的新教学楼

汉口小学校舍

六、汉口谱书修编的继承

唐朝末年，黄巢之乱平定之后，程沄和程淘定居汉口。程沄死后，程淘依据篁敦的《程氏家谱》编写了《程氏世谱》。这本族谱的编写时间在公元9世纪和10世纪之交，没有流传下来，其内容被纳入后人程承议和程祁编写的《程氏世谱》以及程敏政编写的《程氏统宗谱》。

程淘为《程氏世谱》所写的序（又名《程都使沄世录》）流传至今，为“东密岩将”那一段抗击乱军、保境安民的历史，留下了生动的记录，是程氏发展历程中浓墨重彩的一笔。

此后，南宋和元代的几百年间，缺少汉口编写家谱的记载，按说汉口程氏家谱编写不会中断，只是没有得以保留。

到了明代，汉口程氏十六世程玩（字叔润，号韫斋）编写《程氏统宗谱》六十卷；程玩之子程充（字用光）与其族弟程隐（字逸民，号云巢）编写《汉口程氏宗谱》十二卷（成化年间，公元1470年前后）；其后的嘉靖十一年（公元1532年），程节、程霖等人编写《汉口程氏本支重续谱》。程节等续编的《汉口程氏本支重续谱》十二卷三册，在北京图书馆有保存[①]，其他谱册都没有传世。

一帆公保存的《汉川程氏世系谱》中《新安汉口程氏支系谱》的最后续编时间应该在清代后期，记录的最晚时间是清咸丰七年（1857 年），但是这份谱册只有部分支派的记录。

此后，汉口程氏家谱纂修情况不明。

20 世纪 90 年代，村民刘双根和程声达对汉口村的程氏家族做过一次调查，清末民初，全村程姓家族堂号共有约 20 家。在调查的基础上程声达修编了汉口友恭堂自汉川程氏五十九世祖程公嵩年发源，历经八代，历时约 180 余年，祖孙成员 200 余人的友恭堂谱系图。

新编汉口程氏近代各支派世谱表
（三稿）
刘双根 程声达 整编
二零零四年一月

《新编汉口程氏支派世系表》

① 程宗成，程氏家乘谱牒及其存放地（安徽省），程氏家谱网论坛，2016 年 4 月 29 日。

1949年以后，农村的生产关系和生活方式发生了彻底变化，宗族社会完全瓦解，“族谱”“家谱”失去了存在的社会基础，现在人们对家族谱系的研究仅仅只是历史的需要。虽说家谱的重要性今非昔比，但是作为历史的补充，作为社会生活的一个侧面，家谱对于历史研究还是有一定意义的。

第二篇　不废耕读传薪火
代有贤人耀汉川

一、汉口程氏始迁祖——东密岩将程沄、程淘

程沄、程淘兄弟是东晋新安太守、新安程氏始迁祖程元潭的第二十七世孙，忠壮公程灵洗的第十四世孙，世居篁敦。程沄、程淘的祖父名纂，父亲程珍一共生育八个儿子：洎、沚、浑、泽（早卒）、沄、湘、淘和汾，程沄、程淘排行五和七，世代过着“耕读传家”的日子。

大唐末期，黄巢起义，乱军转战在徽州周围，乾符五年（公元 878 年）端午日，黄巢别部占据篁墩，“贼众遂营本宅，攻劫川谷，荡涤殆尽”①。程沄率领程湘、程淘等兄弟及族人揭竿自卫，到东密岩安营扎寨。

东密岩位于现今休宁县东临溪村与汉口村之间，山隘险要，易守难攻；山下是一片小盆地，阡陌衔接，粮草无忧。东密山有程氏祖茔地，谱名“古墓山”，程沄的祖父程纂（自号“逍遥公”）② 安葬于此。

据道光《休宁县志》记载，“东密岩在县南三十五里，高

① （唐）程淘，《程都使（沄）世录》，钦定《四库全书》集部总集类，《新安文献志》卷九十六（上）。

② （明）戴廷明等，《新安名族志》，黄山书社，2004 年，第 80 页。

程沄像

六十仞，四面皆平，山上田野沃，独此特高，周回绝壁如城，东西两小径，缘石蹬登其巅，平衍八百余步。乾符五年，黄巢兵寇群，程沄帅义立寨于此拒之。今水池堑垒犹存，樵牧者时获遗簇、折戟。上有元帅府，基下有落箭邱。”

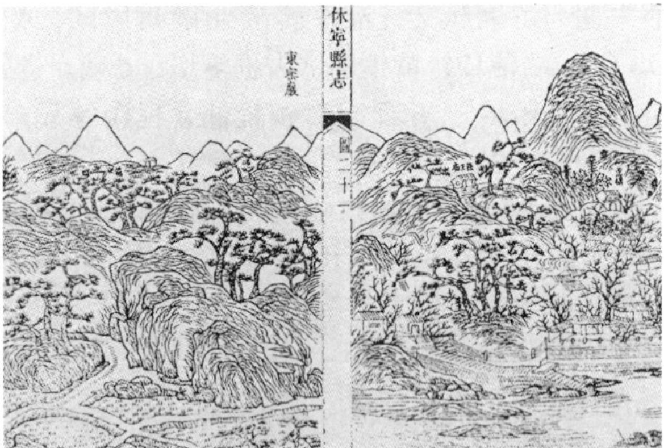

东密岩图片（选自道光《休宁县志》）

公元 881 年，黄巢攻入长安，唐玄宗逃往四川，唐僖宗在成都即位，改号中和元年。三年后，在少数民族武装援助下，唐军收复长安。

长安虽已收复，但天下还不太平，唐王朝只控制长安周围很小一片区域。徽州各地，遍布黄巢余党和草寇，如毕鹞、杨仙童、李重霸、孙端、查皋、陈儒、范珠等，人数少则一二千，多则四五万。程沄告诫弟兄与乡亲们，当下不仅不能放松警戒，还要加强武备，做长远打算。众人共推程沄为“岩将”，招募兵丁四百余人，依东密山为寨，平时耕田纺织，战时共同御敌。

光启元年（885 年）闰月三日，陈儒自黎阳引兵侵犯东密山，自午时至酉时（从中午至黄昏），连续接战，东密岩守军虽然身体疲惫，但个个奋勇当先，陈儒久攻不下，只好退去。当时周围村寨悉数为土匪草寇占领，只有东密岩一枝独秀。

景福二年（893 年），唐王朝任命太尉杨行密①掌督东南政局，杨行密命大将田頵②率军攻城略地，所到之处，悉皆归顺，唯有东密岩兀自独立。田頵遣人告知程沄：太尉受朝廷之命，都督东南行营，我田頵系太尉所遣，非贼也。

程沄说：我们之所以自保，是不愿见到享三百年太平盛世的百姓为贼寇屠戮，今黄巢已灭，长安克复，实为庆幸，并请田頵入寨视察。田頵单骑入营，但见军容整肃、装备齐整。田頵曰：“卿真将种耶。”程沄对田頵说：请司空（田頵）转告太尉（杨行密），如果太尉派府中一亲信人来相与共事，钱

① 杨行密（852—905 年），字化源，庐州合肥（今安徽长丰）人，唐末著名政治家、军事家，五代十国时期吴国奠基人。

② 田頵（858—903 年），字德臣，庐州合肥（今属安徽）人。唐末吴王杨行密部下大将，曾任宁国节度使，唐天佑初为宣州节度使，后因叛乱为杨行密所杀。

氏[1]在吴，不足虑也。

因有孙儒[2]等心腹之患没有肃清，杨行密想借用程沄的兵力，当即保荐陶仆射（雅）知歙州，奏程沄为歙州副兵马统帅、检校御史中丞，依前东密岩将，兼领马金岭防拓等事，以衙内都押衙程阵为副将。于是，东密岩兵声大振，先后降下周边富胙、黟山、容山、丁山等地。东密岩寨广招兵员、整肃旌旗盔甲，添置各种武器。

不久，程沄以年老为由请求移交兵权，以程阵代领，后来歙州府衙又派出副指挥使程言接任。程沄病故以后月余，程言与程阵相互倾轧，岩兵不服，陶仆射大惊，盖因歙州连接浙境，东密岩是歙州的屏障，不可有失。

这时，府咨议陶映对仆射说："程沄久帅东密，人情所归，今其弟程淘亦足谋略，可以让程淘主持东密岩事务。"于是，保荐程淘为东密岩将、大唐歙州都知兵马使兼领马金岭防拓等事，银青光禄大夫检校国子祭酒兼侍御史，上柱国。

程沄离职后定居汉口（约895年），死后葬于篁敦，受封金紫光禄大夫上柱国（正三品）。汉口后人为纪念程沄，称璜源水流经汉口的一段为沄溪，称程沄宅邸（帅府）沄溪对岸的一座山峰为程山。

明代礼部右侍郎程敏政有诗题咏东密岩曰：

万丈巉岩百里长，此中曾蹶草头黄。
衣冠税驾趋行在，兄弟登坛守故乡。
一代风尘山戍远，千家灯火石台荒。
水田折戟时常露，知是先人旧战场。

---

① 钱镠（liú）（852—932年），字具美，杭州临安人，唐朝末期占据两浙的割据势力，五代十国时期，自立吴越国，是杨行密的政敌。

② 孙儒（？—892年），河南蔡州人，唐末军阀，兵势强盛，为人残暴，曾横行于江淮地区，后为杨行密所杀。

程沄和程淘兄弟是汉口程氏始迁祖，明代休宁乡贤祠推尊程沄为第一神主；程沄的长子仲繁（字茂林）镇守祁门，仲繁的幼子燿成年以后回到汉口祖居地，自此，程氏就开始在汉口这片土地上繁衍生息；次子仲节镇守歙州，定居歙州古城，其玄孙炤始居休宁山斗；三子南节镇守休宁，遂定居休宁陪郭；程沄之弟程湘镇守婺源，成为婺源程氏始迁祖；程淘无后，随其兄定居汉口，其继子程旭镇守开化马金，定居开化霞关。

自程沄、程淘兄弟定居汉口至今约一千一百年，汉口程氏已经发展到七十世代。程氏在汉口这片土地上耕读传家、生息劳作、人丁兴旺、英才辈出。程沄兄弟及其子侄辈分布在以篁敦为中心的歙州各县，其后代又广泛迁居江南及东南沿海各地，发展成为程氏家族根深叶茂的一支。

黄巢之乱以后，全国很快进入绵延数十年的五代十国（907—960 年），连年混战、民不聊生。东密岩将及其后代始终镇守在歙州大地，保境安民，发展民生，维护着歙州的社会安定，为历史所记载，为人民所景仰。公元 960 年以后，宋兵南下，东密岩将体系始瓦解。

附：程都使（沄）世录（程淘）

淘生不幸，逢时多故，出入兵甲之间，不知义方。永（咏）怀先人遗泽，及淘之身，泯泯如此。每每念及，未尝不枕戈雪涕。

思见四海乂安，何太平之不易得，死亡冉冉之相迫也，已矣！行年七十，位不过岩将，兵不能制邻封。控于纵横之诸侯，因以攘剽之残寇。长安何在？指日下以悼心，剑岭未通，望栈阁而饮血。有志不遂，抚楮何言？

重念先世旧茔，鞠为荆棘，故相东阁，反成营场。平时邻里乡党之人，半是枭狐魍魉之物。死者郊原暴骨，生者岩穴藏身。屋漏田芜，见鹿已游于町疃；军输兵饷，驱民未免於租庸。无日不兵，无时不火。顾奔迫之不暇，岂简编之或收。由是谱牒旧书，几于灰烬。既无路以报国，复何意以辱先？聊因战守之余，漫辑世次之序。

自淘而上至忠壮公，凡十三世，世居黄墩。乾符五年，岁在戊戌端午日，黄巢别部入黄墩，淘之族人逃难解散，贼众遂营本宅，攻劫川谷，荡涤殆尽。至中秋初，巢收所部犯阙，于时清跸无声，鸾旗失色，行幸万里，自同天宝之游，负乘九重更甚。

贞元之僭，淘与兄沄思世故之殷，共谋存活之计。其后，大盗移国，方镇勤王。甫及一年，李克用、朱温收复长安，所在州县户口减耗，其曾经巢贼过者，则又甚焉。

自从贼后，山落老稚稍归乡社，兄沄遂谋于众曰：黄巢虽没，敌气未除，天未悔祸，饥馑荐臻。以沄度之，不及息肩矣。一旦如有犬吠之警，吾属凋瘵之余，岂有噍类？众皆泣曰："其将若之何？"沄曰："盍相与依山阻险以自安，无事则耕织，以供伏腊；仓卒则修战具，以相庇卫。今乡里虽残破，然诸君多少年一心，可图也。"众皆许诺。于是共推沄为岩将，依东密山为寨，众不过四百余人。未几，草寇毕鹞、杨仙童、李重霸、孙端、查皋、陈儒、范珠相继而至，众或一二千，多或四五万。

光启元年闰月三日，陈儒自黎阳引兵薄东密，自午及酉，接战再四，不克而去。时邻近岩寨悉皆破亡，独沄率砺乡里，抚以尽道，故能得人之情，虽甚疲敝，战皆倍力。沄既拥众，以谓所在皆为贼守，俱非王人。独立以待，无所款附，他部贼兵皆相畏惮。

景福二年，杨太尉行密遣将田頵略地，列郡皆下，唯沄坚壁东密。頵遣人谕之曰："太尉已受朝命，都督东南行营。今日頵来，非贼也。"沄再拜，对曰："所以自保者，不欲以三百年太平民坐为贼虏尔。审如公言，吾复何求？田司空可得见乎？”頵因单骑入岩。沄具军容甚肃，頵曰：“卿真将种耶。”沄曰：“司空见淮南太尉，幸为沄言，但得太尉府中一亲信人至，相与共事，钱氏在吴，不足虑也。”会杨太尉有孙儒之孽未果，从沄所请，即表陶仆射雅知歙州，奏沄为歙州副兵马统帅、检校御史中丞，依前东密岩将，兼领马金领防拓等事，以衙内都押衙程阵为副。由是兵声大振，降下富胙、黟山、容山、丁山等。岩寨戈甲旗物，于是始备。

久之，沄以老乞解兵权，仍请以岩兵付程阵。俄而，本府以衙内副指挥使程言来领后事。沄归府，病卒。月余，程言果与程阵相凌，岩兵不辑，陶仆射大惧。盖歙州连接浙境，最倚东密，以为蕃障故也。府咨议陶映言于仆射曰：“程沄久帅东密，人情所归，今其弟淘亦足谋略，可更以东密授之。”于是表淘为东密岩将。淘既至，众皆相悦。

淘无他长，所守者先兄规略而已。每阅兵帐及户口版籍，见流亡者无筭，所存不满二百户。又纳租税及峙糗粮刍草之积，军需调发，科率百出。因窃叹曰：“后人逢时，无虞体胖心佚，岂识向上辛苦如是耶？更有不怀厌满，非上念乱者，诚何人哉？故因辑家谱之次，聊书以示子孙云。”

大唐歙州都知兵马使、东密岩将、兼领马金岭防拓等事，银青光禄大夫、检校国子祭酒、兼侍御史、上柱国，裔孙淘序。

二、走出汉口的先驱——程珌

自程沄、程淘兄弟定居汉口，经过唐朝末年、五代十国和北宋，约200年，程氏在汉口繁衍生息、耕读传家，到南宋时期，终于结出丰盛之果，一大批年轻才俊脱颖而出，程珌是其中的佼佼者。

南宋隆兴元年（1163 年），程珌出生在一个士读之家，是程沄的第十代孙，父亲文夷曾是宣奉大夫（相当于六品散官）。弘治《徽州府志》记载：“龙兴甲申，休宁县南汉川水上有紫云绕溪，经日不散。是日，少师程珌生。”沄溪因之亦称紫云溪。

程珌自小受到良好的教育，特别是得到休宁五城母舅黄何[1]的器重和点拨，又从学休宁语溪大儒吴俯、吴儆兄弟[2]和同宗长者程大昌[3]，奠定了良好的人生基础；良好的人脉关系也是程珌取得成功的助推器，程珌的长姐嫁给吴俯之子吴自胜，二姐嫁给休宁博村望族范家；程珌登第入仕之后，又娶了前朝丞相王淮的长孙女为妻。

程珌像

幼年时的程珌就表现出极高的天赋，十岁时就以“冰”为题写出“莫言此物浑无用，曾向滹沱渡汉兵”之句，表达了立志收复北方失地的宏愿。

绍熙四年（1193 年），程珌由乡荐应试礼部，当朝丞相赵汝愚（典试官）见到程珌的文章，大呼其是天下奇才，本想将其取为第一名。有人认为程珌可能是道学一派，有违当时朝廷推崇理学的主张。为了避嫌，赵汝愚只能将程珌拔擢为经科

---

① 黄何（1136—1209 年），字景萧，休宁五城人。宋孝宗乾道二年（1166 年）进士，历任吉州泰和主簿、饶州鄱阳主簿等职。

② 吴俯（兄），字益章，乾道二年（1166 年）进士；吴儆（弟），高宗绍兴二十七年（1157 年）进士，休宁语溪人。

③ 程大昌（1123—1195 年），字泰之，休宁会里人，高宗绍兴二十一年（1151 年）进士，南宋政治家、思想家、文学家、哲学家。

第二名，授迪功郎，出任临安府昌化主簿。

宁宗开禧二年（1206年）因配合韩侂胄[①]用兵北伐，程珌为丘崈[②]宣抚江淮进行规划，初步展现才干。

嘉定四年（1211年）程珌出任富阳知县，上任之初，前任呈上当地奸诈刁滑之徒名单，他却束之高阁，淡淡一笑曰："吾未欲知其名也，使闻而改过足矣"。于是，程珌大兴教育，广施仁政，到离任时打开那份"黑名单"，其中居然没有一人因再次犯罪而被押公堂。富阳县城有一座石桥，建于宋太平兴国年间，因嘉定年间县令程珌曾在此放生，更名"恩波桥"，至今遗迹尚存，有碑为记。

富阳恩波桥

---

① 韩侂胄（1152—1207年），字节夫，祖籍河南安阳。曾任宁宗宰相，力主北伐抗金，后在金国示意下，被杨皇后和史弥远设计所斩。

② 丘崈（1135—1208年），字宗卿，江阴人，南宋将领。

恩波桥碑文：“县令程珌于桥下放生……”

程珌在富阳教化有方，施政有绩，受到朝廷重用，调任江南重镇建康府（今南京）教授，主管教育。嘉定七年（1214年）因政绩卓越，升调京师，屡获拔擢，先后就任刑部、礼部和吏部尚书，直至翰林学士、知制诰等官职。

翰林学士、知制诰的主要工作是为皇帝草拟文件和诏书，是皇帝的亲信，有机会为皇帝出谋划策，因此这一职务也被称为“内相”“内翰”，这也就是后人尊称程珌为“程相”的由来。

程珌所处的时代，南宋王朝正从中兴走向衰败，北方失地久久不能收复，政权内部日益腐败。程珌在地方为官时，能够顺应民意，兴修水利、发展生产，体恤民情、注重民生。理学大家真德秀[①]对程珌有“二三十年来无此贤太守”之赞誉。程珌在中央任职时，能够利用其特殊地位，针砭时弊、直言劝谏；对大政方针，能够审时度势，提出真知灼见。

南宋时期，党争激烈、和战立场敏感，稍有疏忽，即刻铸

① 真德秀（1178—1235年），字实夫、景元、希元，号西山，福建浦城人，南宋后期著名理学家，学者称其为“西山先生”。

成大错。程珌身处漩涡，虽小心应对，还是卷入其中。公元1224年，宋宁宗死后，当朝宰相史弥远[①]为了独揽大权，与杨皇后合谋废去皇太子赵竑，矫诏立皇子赵昀为帝（理宗）。时程珌任职（翰林）学士院，掌内外制，诏书出自程珌之手。程珌可能为了明哲保身，棋错一着，成终生憾事。

由于矫诏一事，后世有的史学家竟将程珌归入“小人”之列[②]，《四库全书》的编者对此做出了较公正的评判：“今观集（指《洺水集》）中‘上执政书’，议壅蔽朝廷，不公赏罚，疑当以是忤弥远，‘宏简录’所载未必确也。”。现代一些学者也从程珌的诗词、人品、交游等多方面对“小人说”提出了不同见解[③④]。

由于杨皇后对程珌信任有加，引起史弥远的忌恨；其后，史弥远愈加独断专行，及至于欲加害赵竑，程珌与其渐行渐远，并上书史弥远，促其悔悟，史弥远衔恨愈甚。

由于与史弥远政见不合，程珌曾数次请辞退休，均未得到理宗恩准。绍定元年（1228年），程珌远离朝堂，出知福建建宁府，招募兵马，剿灭盗贼，成绩斐然，但受到史弥远亲信李知孝的馋毁，诬陷程珌“坑降疑群盗”，得不到朝廷重用。

绍定三年（1230年），程珌的请辞终于得到恩准，荣归故里。直至史弥远死后（1233年），理宗亲政，程珌才又得以“优礼劳问”；淳祐元年（1241年）加封龙图阁学士，受宣奉大夫，封新安群开国候。淳祐二年（1242年）程珌去世，授端明殿学士，赠少师。程珌死后葬休宁汉口万松山。

---

① 史弥远（1164—1233年），字同叔，明州鄞县人，淳熙十四年（1187年）进士，南宋权臣，宋宁宗时丞相。绍定六年（1233年）病死。

② 王洙，《史质》卷80《程珌传》，台北大化书局影印，1977年。

③ 王晶，《程珌研究》，河北大学硕士学位论文，2013年，第46页。

④ 汪云霞，为程珌人“小人传”止名，文教资料，2015年第35期。

程珌长年在外任职，对新安故里充满深情。1226 年，程珌为齐云山题写的石刻“云岩”二字至今犹在；休宁县学大成殿以及县城西门的内翰桥都是程珌捐献俸禄兴建的，程珌退休以后在汉口万松山遍植苍松和海棠，营造“海棠洞”，每当春和景明，游宴其中，吟诗作文，自得其乐。

程珌很注意家族的凝聚力建设，除致力修复篁敦元谭公墓和忠壮公墓，还组织乡社力量，将程氏视为共祖的忠壮公像从篁敦迎到汉口供奉。走上仕途之后，不忘提携后人，程珌的子侄辈多人荣登进士或荐辟入仕，直接或间接得益于程珌的地位和威望，此后的汉口程姓已经发展成为江南望族。

程珌留给后人长达 60 卷的文字著作，现仅存 30 卷，均收入《四库全书——洺水集》。《洺水集》的内容广泛，包括为皇帝和宫廷起草的公文，讲义论述、墓志铭、书信、人物传记以及诗词等。

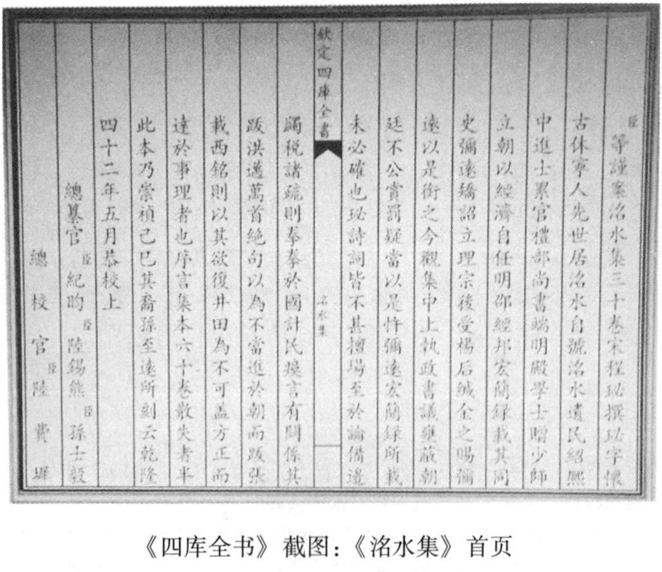

臣等謹案洺水集三十卷宋程珌撰珌字懷
古休寧人先世居洺水自號洺水遺民紹熙
中進士累官禮部尚書端明殿學士贈少師
立朝以經濟自任明邵經邦宏簡録載其同
史彌遠矯詔立理宗後受楊后緘金之賜彌
遠以是銜之今觀集中上執政書議廢蔽朝
廷不公賞罰疑當以是忤彌遠宏簡録所載
未必確也珌詩詞皆不甚擅場至於論備邊

欽定四庫全書　洺水集

蠲稅諸疏則拳拳於國計民瘼言有關係其
跋洪邁萬首絶句以為不當進於朝而跋張
載西銘則以其欲復井田為不可蓋方正而
達於事理者也序言集本六十卷散失者半
此本乃崇禎己巳其裔孫至遠所刻云乾隆
四十二年五月恭校上
總纂官臣紀昀臣陸錫熊臣孫士毅
總校官臣陸費墀

《四库全书》截图：《洺水集》首页

程珌留传下来的诗词有168首，大多是宫廷生活的应景之作，也有一些表达爱国、爱民情怀的作品，程珌和辛弃疾[①]、真德秀、李埴[②]等都是挚友。

在《沁园春·读史记有感》中，诗人借与司马迁的对话抒发自己对于官场生活的不满以及退休以后的田园环境带来的自我解脱意境，这首词写作于汉口。

沁园春·读史记有感

试课阳坡，春后添栽，多少杉松。正桃坞昼浓，云溪风软，从容延叩，太史丞公：底事越人，见垣一壁，比过秦关遽失瞳？江神吏，灵能脱罟，不发卫平蒙？

休言唐举无功，更休笑丘轲自阨穷。算汨罗醒处，元来醉里；真敖假孟，毕竟谁封？太史亡言，床头酿熟，人在晴岚烟霭中。新堤路，喜樛枝鳞角，夭矫苍龙。

另一首《水调歌头·登甘露寺多景楼望淮有感》，表达了诗人期望恢复中原、华夏统一的愿望："天地本无际，南北竟谁分？……孟夏正需雨，一洗北尘昏。"

水调歌头·登甘露寺多景楼望淮有感

天地本无际，南北竟谁分？楼前多景，中原一恨杳难论。却似长江万里，忽有孤山两点，点破水晶盆。为借鞭霆力，驱去附昆仑。

望淮阴，兵冶处，俨然存。看来天意，止欠士雅与刘琨。三拊当时顽石，唤醒隆中一老，细与酌芳尊。孟夏正需雨，一

① 辛弃疾（1140—1207年），字幼安，号稼轩，山东历城县人，二十一岁参加抗金义军，南宋主战派著名将领，著名诗人。

② 李埴，（约1161—1238年），字季允，宋光宗绍熙元年（1190年）进士，历任四川宣抚使、成都知府。

洗北尘昏。

程珌还有一些诗词是写给亲人的，其中“勉子侄”表达了对后辈的期许和鼓励，一定程度上反映了古代徽州人的教育思想；另一首“器吴、范二姊”为悼念二位亡姐而作，感情真挚。

勉子侄

外物不足恃，翻覆百年间。唯有万卷书，可以解我颜。
男儿贵立志，达人得大观。百川日夜流，与海会波澜。
丘陵安于卑，宁复望太山。方当少年时，发齿未凋残。
圣贤户庭阔，人人可跻攀。谨勿随馀子，碌碌走丘樊。

器吴、范二姊

逝者如斯乎，翩翩北飞鸿。鸿北来岁南，人去亡南踪。
庚寅仲姊去，庚辰伯姊空。千里不一见，血泪迸秋风。
自馀只一弟，留守先人宫。我已日崦嵫，安能久转蓬。
束担其归与，相从十载山之东。

程珌学识渊博，爱好广泛，对音律、医学养生学也有所研究，特别是发展了太极拳养生术。程珌改造的太极小九天，又称太极“先天法”，流传至今①。

程珌开启了汉口人走向外部世界的新时代，在程珌以后的数百年间，不断有青年才俊走出汉口，有的为官一方，造福百姓；有的潜心钻研，治学论道；有的崇尚医德，悬壶救世……真是人才辈出，繁星似锦。

---

① 卢建军，《太极小九天养生功法的技术整理和理论阐释》，首都体育学院硕士论文，2014 年，第 7-8 页。

附：群星灿烂　辉耀汉口

程珌之后，汉口的天空“群星”灿烂，在南宋短短不到一百年时间，就有9位同宗荣登进士和状元，势头一直延续到明、清。据史料记载，从汉口走出的历朝状元和文、武进士共15人，按时间顺序为：

（1）程珌，宋绍熙四年（1193年）进士（榜眼）。

（2）程若畴，宋嘉定七年（1214年）进士，知乐平县。

（3）程若颜，宋绍定二年（1229年）进士，仁和县丞。

（4）程洙，宋淳祐十年（1250年）进士，上元县主簿。

（5）程屿（玙），宋嘉熙二年（1238年）进士。

（6）程霆轰，宋咸淳元年（1265年）进士。

（7）程若庸，宋咸淳四年（1268年）进士，历任安定书院、临汝书院、武夷书院山长。

（8）程有容，宋咸淳四年（1268年）进士。

（9）程若川，宋（年份不详）文、武双榜状元，出使金国，知滁州。

（10）程再伊，明万历二十六年（1598年）进士。

（11）程竤，明万历二十六年（1598年）进士。

（12）赵时用，明万历四十一年（1613年）进士。

（13）程邑，汉口人，寄籍上元，清顺治九年（1652年）进士。

此外，从汉口还走出两位武进士：

（14）程祯，明崇祯四年（1631年）武进士。

（15）程宏达，明崇祯四年（1631年）武进士。

三、休宁理学九贤之程若庸和范准

（一）休宁理学九贤

明代休宁大富营（今大阜）名儒程曈认为，孟子死后，孔孟之学被冷落了一千多年，到了宋代，二程（程颐、程颢）和朱熹才又将其发扬光大，并逐渐发展成为社会主流思想[①]。在孔孟之学的中兴过程中，新安学者功不可没。且不说二程和朱熹都祖籍新安，新安本地也涌现出大批的新生力量，宋元明时期，徽州（古称新安）成了理学主要的理论堡垒。因此，这一时期的孔孟之学，又被称之为“新安理学”。

在“新安理学”的发展过程中，休宁籍学者的贡献十分突出。为了纪念他们，明万历年间在县治东门外建造“九贤坊”，纪念宋、元、明时期在理学传承和研究中造诣深邃、贡献卓越的休宁籍学者，以示景仰；并于休宁古城岩“还古书院”内供奉包括九贤在内的休宁理学硕儒十数人。

“休宁理学九贤”是程大昌（字泰之、谥文简）、吴儆（字益恭、号竹洲）、程若庸（字达原、号勿斋）、陈栎（字寿翁、号定宇）、倪士毅（字仲弓、号道川）、朱升（字允升、号枫林）、赵汸（字子常、号东山）、范准（字平仲、号沄溪）、汪循（字进之、号仁肇）。

清初著名学者、赵时用的侄子赵吉士[②]在其著作《寄园寄所寄》中说：“休宁理学九贤坊，以程文简公（大昌）为首，盖朱子而外皆卓卓者也。”

“休宁理学九贤”中，汉口人就占了两席，他们是宋元时期的程若庸（达原）和元明之际的范准（平仲）。

（二）新安理学思想家和教育家程若庸

程若庸，字达原，书房名曰勿斋，人称勿斋先生；汉川程氏十一世祖，宋端明殿学士程珌的从侄，具体生卒年月不详。

---

① （明）程曈，《新安学系录》序，《新安学系录》，黄山书社，2006年。

② 赵吉士（1628—1706年），字天羽，号恒天（或恒夫），杭州人，原籍安徽休宁，顺治八年（公元1651年）举人，曾编撰《徽州府志》等。

据推测，他生活在公元1215至1285年间[①]。

程若庸像

程若庸，南宋咸淳四年（1268年）进士；早年从学名儒饶鲁[②]和沈毅斋[③]，毕生潜心钻研朱熹理学；淳祐七年（1247年）应聘任湖州安定书院山长，十年（1250年）任抚州临安书院山长，咸淳四年（1268年）进士，同年授福建武夷书院山长；在担任山长期间，屡主师席，深受敬重。

程若庸中举进士12年之后，南宋即告灭亡。南宋末年，贾似道[④]独揽大权，政治昏暗；进入元代，许多原宋代文人不愿仕元，这也可能是程若庸不愿从政、专事研学的原因。元代大学士危素[⑤]说："宋代学者都以入仕为主要目的，唯独程先生（若庸）追随饶鲁，终身向学生传授朱子（熹）之学。"

北宋时期，程颢、程颐兄弟重新振兴孔孟之学，恢复孔孟之道；到南宋，朱熹汇总集成诸家，建立起了孔孟学说的完整体系，这就是所谓的"程朱理学"。程若庸属朱熹的第三代传人，继承了程朱理学的基本要义，一生从事学术研究和教学，

---

① 郭蕾，《程若庸哲学思想研究》，安徽大学硕士学位论文，2008年，第6页。

② 饶鲁（1193—1264年），字伯舆，又字仲元，人称"双峰先生"，江西饶州余干人，南宋大教育家，理学大家。

③ 沈毅斋，又名沈贵珤，字诚叔，江西德兴人，南宋学者，介轩高弟，著有《正蒙疑解》等，学者称"毅斋先生"。介轩，名董梦程，鄱阳人，号介轩，学者称"介轩先生"，所创学派为"介轩学派"。

④ 贾似道，1238年进士，宋理宗时权臣。1275年领兵战元军，宋兵溃败鲁港，被贬逐，途中被杀。

⑤ 危素，字太扑，江西金溪县人。元朝至正元年，负责主编宋、辽、金历史，并注释《尔雅》。后升迁翰林编修、太常博士等职。

是南宋末期著名的思想家和教育家。

程朱理学认为“理”是宇宙万物的起源，理的本质是善的，它将善赋予人便成为“本性”，将善赋予社会便成为“礼”。由于“理”的存在，规定了社会普遍的道德观念，界定了诸如“君臣、父子、夫妻、朋友”之间的关系准则。根据程朱理学归纳出的“三纲五常”① 成了其后上千年间社会道德的规范。

朱熹作为理学集大成者，将“太极”同“理”联系在一起，认为“总天地万物之‘理’，便是‘太极’”。太极是“理”之极致，太极无形、无象、无方所。

程若庸将“元气”这个内涵赋予“太极”，他写道：“一气穄然，充塞太虚，动静周流，造化发育，是曰元气”；其大意是：在“太极”的支配下，充塞“太虚”的“元气”造化发育，产生天地万物。程若庸用“充塞”一词表明了“元气”的物质性特点②，是对朱熹理气观的改造与发展。

“理”可以理解为主宰世间万物的规律，一切事物的构成和运行都是在“理”的支配和控制之下，无论自然界，还是人类社会；“性”可以理解为事物的性质和特征。理学家认为，世间万物的本质都是“善”的，因此有“人之初，性本善”之说。程若庸穷其一生的研究和教学经验写就的《性理字训讲义》一书，就是极力阐明“性”和“理”。其实，程朱理学所从事的研究，是人类自古以来从未中断过的对世界起源的思考，这是一个永远不会结束的论题。

---

① 三纲：君为臣纲，父为子纲，夫为妻纲；五常：仁、义、礼、智、信。“三纲五常”是儒家文化的重要思想，对维护和稳定皇权社会起到了极为重要的作用。

② 郭蕾，《程若庸哲学思想研究》，安徽大学硕士学位论文，2008 年，第 11 页。

元代学者陈栎[①]在评价程若庸的性理学说时说："学朱子之学而精到似程勿斋甚少。此公材质钝，只是勤，其文字颇絮烦，然学问精到，絮烦得好。"

程若庸的一生都在从事教育事业，先后任湖州安定书院、抚州临汝书院和福建武夷书院山长。程若庸是当时著名讲师，每到一地必引起轰动。淳祐庚戌年（1250 年）抚州知府冯此山创办临汝书院，为了请到程若庸，特为他在当地置办了田

福建武夷书院旧址

宅。后来，程若庸就迁居抚州，私人书斋名徽庵，以示不忘徽州老家，学界称"徽庵先生"。江西儒学前辈罗大经[②]如此评价程若庸的"家乡观念"："程君达原生于徽公（朱熹）之乡，寝饭徽公之四书，充然有得。半世羁栖，去其故乡。此山冯先生买屋临川以妥之，而达原乃偏室以徽庵，作记数百言，词义

① 陈栎，元代休宁人，字寿翁。宋亡后，潜心钻研理学，尤推崇朱熹。所居书屋名定宇，学者称为"定宇先生"，有《定宇集》。

② 罗大经（1196—1242 年），字景纶，号儒林、鹤林，江西吉水人，（宋）宝庆二年（1226 年）进士。

甚关。其可谓心乎故乡者矣，其可谓不忘本者矣，其可谓求仁之士矣。”①

程若庸慧眼识才，成为学界美谈。宋理宗景定五年（1264 年）秋天，十五岁的吴澄陪同祖父前往抚州参加乡试，正遇上程若庸到临汝书院讲学。吴澄仰慕程若庸，便前去拜见。当他在书院外厅等候时，发现四壁贴满了程若庸的理学见解和教学要点，吴澄将其细细看了一遍。待见到程先生，吴澄从容问道：“如先生壁间之书，以大学为高明正大之学，然则小学乃出于浅陋之学乎？”如此这般，一连质疑了好几个问题。程若庸不禁赞叹道：“吾处此久矣，未有如子能问者。吾有子曰仔复，族子槱之（即程钜夫），与子年相若，可同学也。”自此，吴澄成了程若庸的高足。程若庸的许多学生后来都成了知名学者或社会名流，如范元奕、金若洙、吴锡畴、吴澄②、程钜夫③等。

程若庸著有《性理字训讲义》（亦称《增广性理字训》）、《太极图说》《近思录》等著作，但仅有《性理字训讲义》存世。此外，《四库全书》还收录了程若庸在江西万年斛峰书院讲学时的一份讲义。④

《性理字训讲义》全文用 3280 个字对程朱理学的核心内容“性”和“理”进行通俗诠释，并和以声韵，四字一句，朗朗上口。《性理字训讲义》与《弟子规》《千字文》一起，被列为南宋以后历代“童蒙必读书”。《性理字训讲义》六部

---

① （宋）罗鹤林，送程徽庵还乡扫墓序，弘治《休甯县志》，卷三十二（上）。

② 吴澄，字幼清，抚州崇仁人，元代杰出的思想家、教育家，有《吴文正集》100 卷、《易纂言》10 卷等传世。

③ （元）程钜夫（1249—1318 年），郢州京山（今属湖北）人。元代文学家，有《雪楼集》三十卷传世。

④ （宋）程若庸，《斛峰书院讲义》，钦定《四库全书》集部六别集类五，《新安文献志》卷三十九。

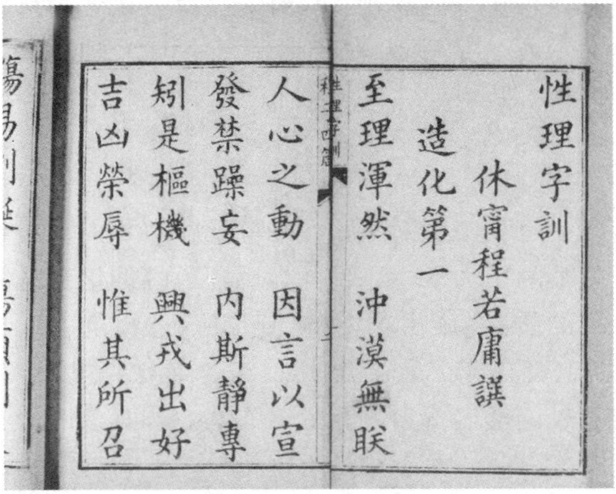
性理字訓

休甯程若庸謨

造化第一

至理渾然　沖漠無眹

人心之動　因言以宣

發禁躁妄　内斯靜專

矧是樞機　興戎出好

吉凶榮辱　惟其所召

古版《性理字训》首页

分的标题为“造化第一”“性情第二”“力学第三”“善恶第四”“成德第五”“治道第六”。

（三）青年才俊范准

范准是汉口范氏四世祖，范氏和程氏还是世亲。唐观察使范传正退休以后定居休宁博村，成为博村范氏一世祖。到了南宋时期，范传正十四世孙范琏娶了汉口程珌的二姐为妻。范琏在 35 岁时，不幸因病身亡，程珌的二姐就带着儿子范震来汉口娘家住下，范震因此成了汉口范氏一世祖。

到了元代，范震的孙子范天锡又娶了程愿学的侄女（程仲本的姐妹）为妻，范天锡的儿子就是范准。程仲本有一个儿子叫程天，与范准同年。从幼年到青年，范准和程天这对表兄弟既是玩伴，又是学友。后来，程仲本的同门师兄朱升应邀来汉口讲学，带来了七岁的儿子朱同。于是，程天、范准和朱同这三个同年哥成了莫逆之交，共同演绎了一出同生死、共患难的人生悲喜剧。

范准，字平仲，号沄溪，生于元至元五年（1339 年）。幼年的范准就显得正直、聪颖，尊师、孝友，记忆力犹好。七岁始，即师从朱升，学习孔孟之学，青年时又师从赵汸[①]（东山）、汪蓉峰（仲鲁），广学博纳，众采各家之长，为其后的为学、为仕奠定厚实基础。在元末动乱的十几年间，范准始终追随朱升，侍其左右，不论是在休宁回溪、汊口、珰溪，还是在歙县石门，可见范准对于追求学问的执着和对师长的虔诚。

对于范准的努力求学，他的老师汪蓉峰回忆范准时，曾经复述过范准的话："族祖求迩翁（范准的先祖范启）与程徽庵（若庸）以道鸣于宋，吾当继其后，遂绝意当世贵。求身心，至忘寝食，虽俯仰之资愈困，处之泰然，非其道一分不取。"

进入明代以后，范准曾经承继朱升之业，远赴福建，讲学课童，小有名气。后归隐汊口沄溪，为老师赵汸编辑遗稿《春秋集传》。

洪武十一年（1378 年）范准以明经中举子，授本县教谕（儒学训导），主管全县的教育。洪武十四年（1381 年）擢升陕西葭州吴堡县知事。对于当时的徽州来说，吴堡属于偏远地区，是黄河岸边一座完全用石头砌成的小城。元末明初，吴堡的建制几经变更，城池荒废，政务散漫，范准是吴堡重设县治以后首任知县，责任重大。那里人口稀少、土壤贫瘠，条件艰苦。范准满怀热情、建设旧城、安顿流民、兴办教育。《吴堡县志》对范准的记载是："洪武十四年，知县范平仲经理城隍庙和县衙……"

洪武十八年（1385 年），范准在吴堡任职期满，政绩卓著，调南京升任工部主事。就在这一年，发生了震惊全国的"郭桓案"，他的好兄弟程天和朱同都惨死在朱元璋的屠刀下，他本人也被冤屈入狱，后虽被释，已经元气大伤，两年后与世

① 赵汸（1319—1369 年），字子常，休宁蓝渡龙源人，元末明初著名学者，晚年隐迹东山，人称"东山先生"，曾参与编修《元史》。

吴堡古城遗址

长辞，终年不到五十岁。

范准一生笃信并践行程朱理学的基本要义，坚信“孝悌忠信为学术之本”；在学术上，执着追求“求本领、求真知、求实理”的治经主张。范准著有《蠹瓮稿》《西游率稿》《谬稿》《塞自槁》《何陋轩稿》等书。

范准善诗，现录一首游休宁松萝山时所咏：

松萝谷

寻幽兴未涯，窈窕入深谷。长松生昼寒，香萝蔓春绿。绵绵石上葛，冉冉岩下菊。樵子时相逢，和歌自成曲。吾将从杖屦，题诗满青竹。

程若庸和范准所处的时代距今已数百年，人们对世界的认识有了很大发展，程朱理学的很多观念已经过时或者已经不适用，但是程若庸、范准等先辈汉口人对未知世界孜孜不倦的探索精神和教学相长的师道还是应该发扬光大的。

四、文魁武耀——程若川的传说

在《汉口程氏支系谱》中，对程若川的记载是：“若川，字舜元，有奇志，兼习兵书，中文武状元。”《新安名族志》中说：“若川，中文武状元，知滁州。”

程若川是汉川程氏七世祖亮公的四世孙，父亲瑀，族叔程珌。程若川属汉川程氏十一世，生活在南宋中后期。程若川中文武状元的年份不详，是一缺憾。有的资料上只记载程若川中了武状元，不实。在宋代，武举一般不会担任如此高阶的文职官员（滁州太守）。

程若川像

现在流传在民间的关于程若川的传说带有很大的传奇色彩，说明汉口的老百姓对这位传奇前辈充满敬仰和爱戴。

程若川自幼练习武功，经常与人比试。有一次，他在相距十里地的临溪舅舅家做客，几个相熟的小伙子缠着程若川，要他演示拳脚。若川也不推让，又挥刀，又舞棒，看得众人眼花缭乱。

有好事者指着他舅舅门前的两个白光发亮的圆石墩，给他出难题，要他单手举起来。平常练习石锁，每个一百多斤，若川举重若轻，毫不费力。这两个石墩圆整光滑，没有着力之处，看热闹的人不免有些担心。就在众人疑惑之际，只见若川一弓腰，左手在右边石墩上一拍，右手在左边石墩上一拍，腾的一声“起”，两个圆石墩就像着了魔一样高高挺在空中，众人一片欢呼。

若川淡淡一笑说：“这不算什么，不过，这两块石头倒是练掌力的好东西。”舅舅见外甥如此了得，当即高兴地说道：“你练功有用。那就明天叫人给你送到汉口去吧。”若川摇摇头说：“不用送，我现在就自己带回去。”说罢，向舅舅和众人一抱拳，身子一弯，两只白白的圆石墩就已夹在两腋之下，健步如飞，翻山越涧，走在回家的路上。一帮小伙子为了饱眼福，一路跟在后面，直到汉口大胜门程若川的家。这件事，人们口耳相传，无不佩服。

程若川中了状元后，曾奉诏出使金国。当时，南宋使臣常常受尽金国的侮辱。程若川到达金国后，金人知道他是武状元。晚宴时，金人斩杀了一名宋朝的俘虏，用人头宴“款待”程若川。只见餐桌上那人头两眼圆睁，耳鼻间尚流淌着鲜血，程若川看在眼里，莫名的悲愤涌动在心中。金人凝视着他，面露讥讽的笑容。短暂的沉默之后，只见程若川不动声色，右手在人头上闪了一下，两只大大的眼球就已飞进程若川的嘴里，随之响起嘎吱嘣脆的咀嚼声……金人一个个目瞪口呆，无不惊呼：“真乃奇男子!”连忙换上美味佳肴，以礼相待。

程若川曾长期担任滁州太守，在职期间，他整肃吏治，勤政爱民，卒于任上。

由于宋代，特别是南宋后期，科举档案大量散佚和缺失，今天很难对程若川的事迹有进一步的了解。宋代实行“以文立国”，经济文化空前繁荣，但兵力孱弱，致使北方少数民族势力日益坐大。公元1115年，女真人在辽东建立金政权，并在1125年灭了西临的辽国；紧接着，在公元1127年灭了南临的北宋。南宋政权建立之后，又受到金国的强力侵扰，曾数次被迫议和。南宋开禧二年、金泰和七年（1207年），宰相史弥远杀害了抗金将领韩侂胄，并向金增加纳贡、称臣求降。但是金国的日子也不好过，日益强大的蒙古帝国在南宋的支持下，于南宋端平元年（1234年）一举消灭了金政权。

程若川生活的年代与他的几位同宗叔伯兄弟（如程若庸等）相仿，出使金的时间当在公元1207至1234年之间。

五、岐阳遍松柏　汉川多义士

（一）南宋忠节程洙

程洙，汉口人，汉川程氏十世祖，程珌的堂兄弟，淳祐十年（1230 年）进士，开始授贵池主簿，因为官清廉，处事谨慎，调任上元县（属建康府）。

德祐乙亥年（1275），元兵攻建康，守臣出走，都统徐荣旺开门迎降，元军大将伯颜入城建康，大小官员纷纷投牒降附。形势紧迫，周围很多人都劝程洙归降元军。

程洙见大势已去，无力回天，仰天长叹曰："我身为宋朝官员，为宋朝服务了几十年，岂能移节偷生乎！"于是，将儿子程彻叫至身旁，安排好后事，焚香沐浴，自缢而死。

程洙喜爱写诗，他的诗作透着一股忠义之气，诗作《南窗集》已经失传，现仅能读到四首，录于后：

奉送丞相讷斋程先生[①]二首之一

先生富贵本无心，冰节从来照士林。
三载调元名愈重，七章告老意何深。
九重屡挽音形玉，一念观回归散金。
此是吾邦真伟事，清风万古孰追寻。

奉送丞相讷斋程先生二首之二

公相胸中蕴识几，中和不假佩弦韦。
人心未免处强弱，公论何尝无是非。
岁到寒时知劲节，事当难处见圆机。
便须再出扶宗社，未许从容恋翠微。

---

① 程元凤（1200—1269 年），字申甫，号讷斋，歙县槐堂人，理宗绍定二年（1228 年）进士，宝祐四年（1256），拜右丞相兼枢密使。

秋晚怀友

长亭一樽酒，犹记别时斟。碧草思前梦，黄花见此心。
关河秋北望，天地日西沈。遥想山中桂，何人月下吟？

雨　晴

溪雨生流水，山晴出白云。花来风逐农，泥遣燕纷纷。
客路犹千里，春光已十分。归从都下者，相遇说新闻。

程洙的儿子程彻由乡荐任国谕；程洙的第六代孙程玩，曾经续编《汉口程氏宗谱》；第七代孙是“汉口奇人”程充（用光）。

（二）披肝沥胆程兼善

程兼善（1327—1352年），字士达，自号筱堂道人，程珌五世孙，属汉川程氏十五世，生活在元朝末年。

少年程兼善就立下大志，邀上志同道合者十余人，到离家二里地以外的筱堂山[①]筑庐读书、练功。那里青竹幽兰，环境静谧，是修学的好地方。这几年，名儒朱升在汉口讲学，有问题可以就近请教他老人家。

元至正十二年（1352年）四月，蕲黄红巾军[②]攻陷了徽州府和休宁县城。同年六月，任休宁知县的友人孙普哲的父亲，因为替蒙古人工作被红巾军掳走。孙普哲无计可施，找到程兼善，程兼善组织数百人的村民敢死队到徽州府去救人，因寡不敌众被杀。

---

① 道光《休宁县志》：“筱堂山，在乌龙山背。乌龙山，山形黯黯，不可正目，居汉口上游，《汉口志》云，发脉白际岭，抵（珮）琅水而止。”筱堂山可能位于现在的“四大号”附近。

② 元代末年红巾军大起义，主要分为两支，一支起于颖州，领导人是刘福通；一支起于蕲、黄（蕲州、黄州），领导人是徐寿辉、彭莹玉（即彭和尚）。

程兼善自幼聪明、悟性好，孝敬父母、交友诚信。村里宗亲、乡友有病有难时，他都急公好义、助人为乐；程兼善擅于言谈，特别是讲述古人成败得失的故事，更是引人入胜。

程兼善遇难时年仅二十六岁，儿子仁发（礼罗）只有四岁，由程兼善的夫人徐氏抚养成人。到了明代，程兼善的儿子被荐举任县学训导，每当见到父亲的遗墨只字时，都恸哭不已，特别惋惜的是父亲未能在筱堂山完成学业，遂请友人吴和绘筱堂图，并请老友陈新作记，以资纪念。

歙县大儒，师山处士郑玉[①]得知程兼善的事迹后，意欲为其作《义民录》，去世前未能脱稿。郑玉赞曰："程为着（本）姓子孙蕃衍，作郡立祠，源深流远，桓桓岩将，保障州里，内翰利民，世济其美，伟哉！士达奋义而死，其名孔彰实，由贤子绘画为图，志同刻木崇祀筱堂，有光宗族。"[②]

（三）忠义孝悌汪仲和

汪仲和，字贵民，汊口人，生活在明代宣德、正统年间。曾祖养晦先生汪洗元末明初由休宁西门迁居汊口，祖父明德，父亲亨。

汪仲和相貌英朗，为人爽直，有特性，不苟言笑，喜读书，每每看到古代忠孝节义的故事时，就会掩卷大声叹息："男子汉、大丈夫，庸庸碌碌、虚度时光，无异于作恶为生。"乡邻多觉得汪仲和是真男人也。

依据明代的征兵制度，汪仲和家有义务在贵州服兵役，其父汪亨曾在贵州服役，回来后尽言贵州生活艰苦。汪仲和尚未成年，听了以后闷闷不乐。明宣德丙午年（1426 年），朝廷颁

① 郑玉（1298—1358 年），字子美，号师山，元代徽州歙县人。不求仕进，设师山书院受业。至正十七年，朱元璋军入徽州，次年自缢死。

② （明）陈俨，《程义民（兼善）录》，钦定《四库全书》集部，《新安文献志》卷九十六（下）。

诏，征召和调整各路兵马，汪仲和的父亲及叔伯，皆因年老不愿出征。汪仲和知道以后，毅然决定代父从军，时年仲和三十六岁，乡人以隆重的欢送仪式，为其壮行。

到了贵州，兵帅得知汪仲和是读书之人，就安排他为子弟们讲学，汪仲和利用闲暇之日，引经据典，讲述历代名将御敌戍边以及近世养兵御侮的故事，受到将士的欢迎。

汪仲和对当地的民族情况、地理地貌、交通道路都有所探访。贵州古夜郎国所在地，山水荒寒，内地人非发配、充军，一般都不会到来。汪仲和走到哪里，人们都不认得，以为他是从古时候走来的人。

汪仲和曾经数次因公务返回内地，借道回到汉口探访父辈、兄弟。众人商议替换他轮流戍边，汪仲和怕他们不熟悉贵州，容易受伤，因此决定自己再次前往，但这时年事渐高，头上已生华发。

正统十四年（1449 年），都匀苗人作乱，贵州明军作战失利。汪仲和所住村寨仅百余人，众人惊慌失措，欲四处逃散。汪仲和见势仗剑喊道："当此危难之际，我等不竭力挺住，国家养我们有何用！况且，这里地势复杂，四散而逃，必会遭大祸。"在汪仲和的指挥下，众人安定下来。

入夜以后，戒备稍微松懈，叛民突入寨内，友人牵着汪仲和企图撤走，汪仲和坚持不走，并指着叛民说："朝廷有什么对不起你们，为何如此猖狂?"乱民不听，汪仲和惨遭杀害，时年五十九岁。随在汪仲和身边的次子南云被虏，终日以泪洗面，叛众不忍杀之，一月后被放回。

汪踦，春秋鲁国的一个儿童，在参加抗击齐国的战斗中牺牲，鲁国破格以成年礼葬之，后世即以"汪踦卫国"作为儿童救国的典型事例广为传播。程敏政在写到汪仲和之死时，对死者不无赞扬，对决策者也不无谴责，他长声叹息道："呜呼！若义士之死，固可与（汪）踦相望于百世之上矣，而封疆之臣乃无画策，捐躯若公叔者，不重可欺哉。”①

汪仲和有两个儿子，长子义方、次子南云；三个孙子：观、成、昕。长孙观早丧，昕立志儒学，为当地塾师。

（四）仗义疏财程英发②

徽州人多地少，历来就有人用徽州的竹、木、茶及其他土产到苏州一带换取粮食。

程英发，字千士，清代汉口人，在徽州和苏州昆山、宝山之间经营土产、粮食生意。

雍正十年（1732 年），宝山水灾，粮食歉收。程英发向当地政府表示，愿意将价值三千余银两的大米悉数散发给饥民，自己却囊空如洗。

事后，县令申报朝廷，予以嘉奖。

（五）民国志士程家柽

程家柽（1874—1914 年），汉口下村谷贻堂人士，早年留学日本，追随孙中山，建立同盟会，反清、反袁，为袁世凯所杀。

程家柽是“中华民国”的奠基人之一，其事迹见“民主革命志士程家柽”一节。

六、三代人的历程

程逢午、程愿学和程仲本是祖孙三代，他们的生命跨越宋、元、明三个朝代。

（一）矢志不渝程逢午

程逢午生于南宋绍定四年（1231 年），卒于元大德二年（1298 年），寿六十八岁，后二十年生活在元代。

---

① （明）弘治《徽州府志》卷之九。

② （清）道光《休宁县志》卷之十五。

程逢午，字叔信，是汉口程氏十二世祖，宋代名儒程若庸的侄子。程逢午自幼“颖悟，喜读书”，在宝祐、咸淳年间曾两次由乡荐参加进士应试不第。当时的汉口程氏家族陆续多人中举进士，正处在兴旺上升时期，落榜的处境不免有些尴尬。但是程逢午并没有因此消极退缩，“不以得失为愠喜”，继续从事他喜爱的程朱理学研究，与族叔程若庸一起攻读学问。进入元代以后，长期停止科举，程逢午更是心无旁骛，专心钻研，特别对儒家的“中庸之道”情有独钟，研究颇有心得，成为远近知名的学者。

程逢午有两个儿子：程愿学和程幼学。他的另一项重要任务是闭门专心教子。

古紫阳书院

元贞丙申年（1296 年），程逢午已经六十五岁，他的理学研究多有成就，徽州群侯推荐程逢午到江南行省，担任紫阳书院山长。紫阳书院地处歙州，是早年朱熹讲学的地方，全国知名，儒学气氛浓厚，在这里，有机会接触众多的名儒耆老。程逢午到任以后“结识诸老，习闻绪论，朝订暮考”，一边讲学，一边著述，用时十八个月，终于写出三卷本《中庸讲义》，学院将其作为教材付印出版，学者对该书的评价是有创见，继承和发展了朱熹的思想。程逢午在讲学中揉进很多自己的研究成果，有继承、有发展，深受学生欢迎。

程逢午曾经写过一篇《晋新安太守程公墓志》[①]，记载了汉口人程深甫在元大德丁酉年（1297 年）拜谒程元潭墓地的经过。这是历史上第一篇有关程元潭墓地的文章，对后来几百年程元潭墓的修复、祭祀产生深远影响。

紫阳书院任职期满之后，程逢午被任命为海盐州（今嘉兴市境内）儒学教授，在赴任途中病故，终年六十八岁，追赠承事郎。

名儒邓文原[②]赞曰：“呜呼！信叔士孳孳以徇名，子不竞也或矫矫以立。異子常厥性也，穷丹铅以皓首，伤哉命也。”大意是说，程逢午虽然科举不第，一样可以成为社会的佼佼者。他一生矢志不移，著书立说，损伤了健康，英才早逝，实在可惜。

（二）鞠躬尽瘁程愿学

程愿学是程逢午的长子，字希圣，别字节卿。生于元至元丙子年（1276 年），卒于元统乙亥年（1335 年），享年六十岁。

程愿学少年时就表现不凡，重义气、讲信用。赵东山说，程愿学“少卓荦，有奇志，慎交游，重然诺，以行义自砥砺。”

---

① （明）程敏政，《晋新安太守程公墓志》，钦定《四库全书》集部六别集类五，《新安文献志》，卷十四。

② 邓文原（1258—1328 年），字善之，一字匪石，四川绵州人，迁寓浙江杭州，元代大书法家。

元朝初年，蒙古统治者不愿与汉族精英共治中原，因而废除了科举取士的制度，断了好多读书人苦读求仕的美梦，这对于南宋时期因科举连连中第的徽州才俊是一个不小的打击，他们纷纷远游京师，以求出路。

程愿学刚成年，就只身来到京师寻找机遇，见到他的人，无不为他的相貌和学问倾倒。一天清早，他随友人到城外，路过一个大院，友人进去会见朋友，嘱他在外稍候。等到朋友会客出来，天色已暮，友人见程愿学依然侍立等候，不禁肃然起敬。时有四川人赵炌①闻知此事，对程愿学守信义的行为颇有好感，遂约之面谈，赵炌对小伙子十分满意。当时赵炌正在编纂《大元大一统志》，在赵炌的力荐下，程愿学加入编书局，协助编撰。

书成之后，程愿学的同事都留任编书局，唯独程愿学待命。原来是朝廷看中了程愿学的人品和学问，不久就被擢升到兵部任职，成为正式官员。兵部数十人中，只有程愿学一个南方人，他举止端正、落落大方，同僚门都不敢慢待。但是，因为他是汉人，又是新到任，只能做一些辅助性工作，时常奉旨拿着绫罗绸缎等去慰劳王公贵族，有时还要不辞劳苦往来南北各地出差。

兵部任职期满，调任镇江路司狱（主管监狱）。当时监狱的条件极差，出入监狱时，常见到冻饿病死的犯人，他常常为犯人的衣食发出叹息："他们虽是罪人，却常常死于非罪，难道是上天的惩罚吗？"

程愿学性格刚毅，为官清廉，及至任期结束，两袖清风，囊中羞涩，适朝廷有诏书令程愿学到各郡县宣读。因为宣诏官是代表朝廷来的，当时的风气是，宣诏官每到一处，地方官员

① 赵炌，"集贤待制奉直大夫，蜀叟赵炌"，《大元大一统志》（已散佚）编纂人之一，生平资料不详。

都会搜刮民众财富向宣诏官送礼。这一次当地官员也如法炮制，岂料程愿学呵责道："我是捧着诏书来的，岂能揣着钱财而去？快把钱财退还给百姓，各地官员只好照办。"

离开镇江路，迁任湖州武康县主簿，程愿学一到任就明令宣布纪律、革除弊政，引起当地富豪大户的忌恨，他们通过行贿府官，借故将程愿学排挤到京城。这时正值程愿学父亲去世，就此辞职回乡丁忧（守孝）。

丁忧期满，转任循州长乐县（今广东省五华县境内）尹。循州地处闽广之交，法制松弛，有不法之徒依托官府，"剥上扫下"，民不聊生，许多人被迫背井离乡。

程愿学到任以后，"整饬案牍，申明德意，植贫弱宽，徭赋分遣，耆老入其乡，申谕朝廷，治意民信。其所为，流亡之众来归者，不可胜纪"。经过程愿学的整治，长乐县社会秩序井然，可以和内地其他郡县相比。

以前，有上司来到一个地方，当地官员必定要盘剥百姓财物，作为礼物赠送，程愿学却用自己的俸禄购买礼物赠之，这些上级官员知道程愿学廉洁奉公、刚正不阿，都不敢收受。

程愿学甫到长乐，受理一个案子。县民赖某诉黄某掠夺钱财，制造命案，黄某被逼逃往他乡，得知程愿学到任，黄某即刻投案。经过审问，程愿学判断此案乃赖某背后有富人指使。富人得知信息，就向程愿学重金行贿，遭程愿学严词呵责；富人继之行贿上级州官，要求将此案转到他县审判，得逞。程愿学仰天长叹曰："杀人者可以用钱财免罪，岂不是有钱就有权杀人吗？道德良心何在？天理何在？"

当吏员将邻县的审判结果带回长乐县时，突然雷雨大作，梁折柱塌，瓦片纷纷飞落，卷宗尽毁。人们都说这是天意，天意不可违，富人的如意算盘没有得逞，最终得到应有的惩罚。

当时，在罗江五峡这个地方常有强盗出没，群盗到邻县杀人抢劫，县官不敢过问，反以酒肉款待，想把祸水泼到外县。

果不其然，强盗得到好处后就向长乐扑来。程愿学亲自带领县卒，在要道上埋伏，一举抓获魁首七人。有的官员害怕强盗报复，晚上住到船上，以便进退。程愿学毫不为动，亲手持刀，把守要隘，集中全县力量，追捕余孽。群盗摄于长乐县的“群防群治”，直至程愿学离任，再也不敢染指长乐。

长乐县境内火灾多发，老百姓都认为是城隍庙的菩萨穿着红衣所致，要给城隍菩萨换衣服。程愿学告诉大家，火灾多是由人们不谨慎引起，与菩萨的衣服颜色没有关系。于是他下令疏浚沟渠，添置消防工具，将茅草屋面换成瓦顶。采取一系列措施之后，在程愿学其后任职的五年之内，没有再发生火灾，“民以为神相之矣”。

程愿学兄弟两人，其弟程幼学，年轻时去世，留下三儿一女，程愿学待他们如己出，其中老三程植（仲本）成了程愿学的继子。

长乐县距离汉口老家数千里，程愿学仅以一僮仆相随，在职五六年，生活简朴如一日。任职期满返乡，船行至庐陵十八滩①时，突然发病去世，其嗣子程仲本在身边。

程愿学去世十年之后，挚友巴延彻尔亲王来到徽州做官，与程愿学之子程仲本畅叙通家之好。回京后，巴延彻尔亲王将程愿学的政绩报告吏部，朝廷以“承直郎、真定路中山府判官致仕”授之。

赵汸（赵东山）称赞程愿学②“忠而不谀，勤而不扰，廉以自持，诚以接物，又明练法律以辅之，是以遇事有立，不以祸害变其所守，而宰物者亦赫然。临而鉴之非，其操心行事不

---

① 庐陵，江西吉安县古县名，赣江流经附近的若干险滩称为“庐陵十八滩”，是古时内地通往岭南的水上交通要道。

② （元）赵汸，《长乐县程令君（愿学）行状》，钦定《四库全书》集部六别集类五，《新安文献志》卷八十六。

愧不怍者，能如是乎？”

四川大儒虞集[1]得知程愿学去世后叹道：“斯人有用世之才，若在今日，急缓可仗，惜其年未甚远，位不足以展布其才耳，其为当世名流，所知类如此。”

赵汸说：“汸虽不获识令君（程愿学），而缔交于植（程仲本），且闻君家世及君持身莅官之实为详切，谓于古循吏无愧也。”

（三）承前启后程仲本

程仲本，原名植，号古愚，程愿学的侄子和继子，生平事迹不详。出生年代约为元延祐元年（1314 年），一生中大多生活在元代。少年时期从学休宁大儒陈栎，是朱升的同门学弟。

其父程愿学任长乐县尹时，程仲本曾两次去“侍亲”，或许因为程愿学的身体欠佳，需要儿子在近旁照应。在此期间，他的老师陈栎和他的同门师兄朱升都曾就年轻人的学习发表过意见（可能是就程仲本的学习问题写给程愿学的信），其中有些观点就今天来看也还是有价值的。

朱升强调，做学问要循序渐进，不能急功近利：“作文之本在读书，读书之法在循序。古者四十年富力强，道明德立而仕。”

陈栎把做学问比喻为种田，“学如耕焉，昔闻程子有心如谷种之语，由浸而播、而莳、而耘、而粪、而灌、而获，日至之时熟矣。一节不谨，卤莽而种，必卤莽而收，安有不循序、不待时而速成之理乎！”

陈栎还强调打基础的重要，一个人的修养是成就其事业的基础，缺乏个人修养，不可能成就国家事业。“国家、天下之事业，不先于身心以立其本可乎？（论）语所谓孝弟为仁之本，孟（子）所谓事亲事之本，守身守之本，体立而后用，行皆自本根之立者。”

---

① 虞集（1272—1348 年），字伯生，号道园，人称“邵庵先生”，四川眉山人，元代著名学者、诗人。历任儒学教授，翰林待制等职。

弘治《休宁县志》载有程仲本民歌风格诗作一首，反映作者关心农时和农民疾苦，诗作充满浓重的乡村生活气息。此诗是和唐县尹[1]而作。

喜雨行和唐县尹

风飕飕，云油油，今年七月十一日，山县一雨宽百忧。山县如斗小山多，田亩少，高田扶犁不得耕。云边矻矻锹，锄力半岁，辛勤全家食，性命悬于今数日。今年春夏雨降多，果然秋旱可奈何。明府谒神立悚息，龙公喷雨来滂沱。公作喜雨行，民和喜雨歌。成勿令外人，见朝省问知。急迁转明府，迁官定当道，我民不用多烦恼。

程仲本的长子程天，曾任河北（现属河南）卫辉胙县[2]知县和中军都督，与朱同、范准一起写下了一段同年哥仨悲欢离合的人生悲喜剧。

程仲本的次子程尚，字梦易，年轻时授业赵汸。洪武壬申（1392 年），膺乡荐任惠州通判，以廉干称。时龙川地区草寇作乱，朝廷命程尚平乱。平叛后，卒于龙川驿。龙川地处广东省东北部山区，与当年程尚的祖父程愿学任县令的长乐县毗邻。程尚著有《惠州文集》。

七、同年哥仨传奇——朱同、程天和范准

（一）童年哥仨　初会汉口

汉口人称同年出生的男子为“同年哥”，这是一种显示亲热的称呼。这里要讲的哥仨是朱同（大同）、程天（子静）和

---

① 唐县尹，唐棣，吴兴人，元至正五年（1345 年）任休宁县尹。

② 胙城是一个历史古城，周朝称胙国，明万历八年被沙埋，县城不复存在，但胙城之名沿袭至今，现为胙城乡，属新乡市延津县辖区。

范准（平仲）。

哥仨生于元朝至正五年（1339年），朱同出生月份最大，程天次之，范准最小。哥仨虽然没有歃血盟誓，同生共死，却也写下一段人间悲欢离合的动人故事。（明）翰林院编修程敏政在评论哥仨时说：“（范）准与礼部侍郎朱同、中军都督府断事程子静同庚、同师、同业、同仕，而死亦同，亦可怪也。”[①] 程敏政这里说的“死亦同”未必准确，但哥仨的一生确实是在同甘苦、共患难中度过。

朱同是大明朝开国谋臣朱升的次子，出生在休宁县回溪村。朱同出生时，朱升已经年届四十，将其视如掌上明珠。朱同天资聪颖，加上父亲的教诲和点拨，年轻时就表现出极高的天赋和才华。

程天和范准都是汉口人，两人是表兄弟。

程家和范家的关系可以追溯到一百多年前的南宋时期。休宁博村唐观察使范传正[②]十四世孙范琏娶了汉口村程珌的姐姐为妻，范琏在三十九岁时，因酗酒致病不治身亡，程珌的姐姐带着年幼的儿子范震移居汉口娘家。范震成了汉口范氏始迁祖，范震后世有的从政、有的从医，多有建树。

程天，字伯龄，号子静。其曾祖是紫阳书院山长程逢午，祖父是长乐县令程愿学，父亲是程仲本。程仲本和朱升是就学于休宁大儒陈栎的同门师兄弟，也是至交，朱升比程仲本年长。

程氏和范氏在汉口这片土地上，相互扶持、相互照应。到了元朝末期，两姓再结秦晋之好，程家的姑娘再次嫁到范家。

---

① （明）程敏政，《先贤事略（上）》，钦定《四库全书》集部六别集类五，《新安文献志》，卷一。

② 范传正（生卒年月不详），字西老，南阳顺阳（今河南淅川）人。唐德宗贞元十年（公元794年）甲戌科榜进士第二名。历任歙、湖、苏三州刺史。退休后隐居休宁博村。

至正五年，两家同年诞下两个姑舅表亲兄弟：程天和范准。

俩表兄弟七岁时，程仲本请来已经小有名气的中年儒生，也是他的同门师兄朱升，为儿子和外甥授业，与朱升随行的还有他的次子朱同。三个七岁的同年哥就此相识，在汊口这个风景秀丽的地方，读书嬉戏，为一生的友谊奠定了基础。

三年后，朱升再次来汊口授业。由于元末兵荒马乱，朱升离开汊口以后，先后避居休宁珰溪和歙县石门，讲授和钻研儒道之学，再后来就将家安在石门。无论在哪里，程天和范准都追随左右，刻苦攻读，与朱同的感情也与日俱增。

（二）青年哥仨　友谊俱增

明洪武三年（1370 年），朱升去世后，朱同住在歙县石门，程天和范准住在休宁汊口，两地相距虽不远，但是山隔水阻，交通不便，相聚稀疏，免不了相互思念。于是，哥仨相约，要用诗词歌赋、水墨丹青记录下他们的相知、相交和友谊。

洪武六年，哥仨都已经年过而立。范准在福建讲学之后回到徽州，到歙县石门看望朱同，两人相谈甚欢。提起当年的诗画之约，朱同即以范准游历福建归来为题，凭小时候对汊口沄溪景色的记忆，画了一幅“沄溪归隐图”（为纪念程氏先祖程沄，璜源水流经汊口的一段又称沄溪）并题记：

契友汊口范平仲写《沄溪归隐图》，成题此：

叠献青螺拥闲云，白练舒林椽数间。屋仿佛似吾庐。

四年后朱同重访汊口，再次见到沄溪景色，对四年前自己所作画幅很不满意，意欲重画。范准取出“古疋纸”（疋纸：大张宣纸），朱同对着大美沄溪，挥毫泼墨，新版“沄溪归隐图”告成，但未及题款就匆匆离别。

洪武十二年（1379 年），程天在汊口的新居落成，曰“容膝山房”，朱同作画题诗以赠。从朱同的题诗中可以看出哥仨之间纯真的感情和默契：

老松参天倚清濆，卓立迥出凡木群。
百年生息饱雨露，一日变化超风云。
沄溪故家足乔木，容膝山房更清淑。
知君每爱林下风，故写幽人坐溪腹。

（三）中年哥仨　仕途初登

洪武十三年，哥仨都已年过四十，经地方举荐，先后走上仕途。朱同在歙州任府学，次年到南京就任吏部员外郎；程天被派到河北（现属河南）卫辉胙县任知县；范准先在本县任国谕，后到陕西吴堡[①]任知县。

范准在赴任吴堡知县前，到南京找到朱同，要求朱同完成当年在汉口的画作，由于公务繁忙，朱同只在画作上书写了由朋友（张本云）草拟的序，原想题写的绝句未能兑现：

洪武壬戌，范平仲以事之京，持图求补前序，为题绝句于图上以见，意为后会。张本云。

洪武十五年，范准因事从吴堡来南京，见到朱同，再次重申前请，希望朱同在原来的画作上题写诗句，朱同即手书七绝一首：

云溪归隐终难隐，客馆裁诗未是诗。
待到柴门重扫日，是余文债欲偿时。

一幅“沄溪归隐图”，从初创到最后完成题诗，范准前后四次追索，历经九年，足见哥儿们对待生活、创作和友情的真诚与执着。

在返回吴堡的路上，范准取道胙县看望程天。兄弟相见，自是别有一番滋味在心头。临别时，程天送出县城西门外二十里，两人执手恸哭、互道珍重。兄弟俩离乡背井，从风景秀

① 吴堡县位于陕西省东北，榆林市东南部，明代隶于延安府葭州，现属陕西省榆林市。

丽、人杰地灵的徽州来到这大漠孤烟、沙荒万里的大西北，心里不免几分凄凉。

洪武十五年别后，三人各奔东西，范准尚能收到程天来自胙县的三封书信，朱同那里则音信全无。

由于哥仨在各自的岗位上都能尽心尽力、克己奉公，任期满后都得到提拔。朱同才情出众、琴棋书画无所不通，擢升礼部侍郎；程天因“考最”（考核成绩上等），调任南京，任中军都督府断事；范准在吴堡建城修庙、体恤民生，守土有功，政绩彰显，擢升为工部主事。三个人的提拔发生在同一年，即洪武十八年（1385 年），时年四十六岁。

对于同年哥仨来说，洪武十八年，应该是他们人生中最幸运的一年，几十年颠沛流离，天各一方，此刻终于可以在南京团聚了，而且都已功成名就。哥仨年富力强、踌躇满志，只待再展宏图、实现抱负。

（四）壮志未酬　人生断崖

但是，天有不测风云。范准到达南京以前，就得知朱同已经遭难；回京中途到胙城拜访程天不遇，得知已升迁南京；本以为不久就可以实现兄弟团聚，谁知到南京后得悉程天已经身陷囹圄，范准为此痛苦万分，“大同已不可复见，伯静又不可得见”。深陷痛苦深渊的范准，又遭飞来横祸，刚到南京不久，就被诬陷下狱。

范准遭牢狱之灾近五十天后获释，但一直不知程天所终，估计已经被杀害。范准回到寓所，翻出《沄溪归隐图》，睹物思人，不禁感慨万千，“追思畴昔，嬉戏之同，砚席之共，出入相携，寝食必偕，自幼及壮四十年间，终始如一日者，岂偶然也哉！岂可复得也哉！”[1] 范准深恐此图有失，随即将其寄

---

① （明）朱同，范平仲书《沄溪归隐图》后，钦定《四库全书》集部六别集类五，《覆瓿集》卷七。

回老家交其弟保存。

朱同和程天死后，范准一直郁郁寡欢，仅仅过了两年，就随两位同年哥而去。

朱同和程天的死因，史书上没有记述，史学家分析，很可能死于“郭桓案”。郭桓案是明初四大案之一，发生在明朝洪武十八年（1385 年）。户部侍郎郭桓等人，通同各直省的官吏作弊，盗卖官粮。因其涉案金额巨大，明太祖朱元璋将六部左、右侍郎以下官员，不问罪否皆处死。不幸的是，朱同和程天均在此列。为了追赃，又牵连到全国各地的小富百姓，遭到抄家破产、被冤屈致死的不计其数，百姓怨恨极深。朱元璋为了平息民怨，又处死了审刑官吴庸等人。

朱同被处死时升任礼部侍郎不过一个月，程伯龄刚从胙县调任都督府不久就被捕，范准也因莫须有罪名下狱，这哥仨都正好撞在了枪口上。

朱同、程天和范准这同年哥仨的一生，悲欢离合、生死与共，演绎了朱元璋残暴专政制度下的一出人间悲喜剧，今天想起，还令人唏嘘不已。

八、子承父业　三代兴家——孙以宽治家有方

新安孙氏始迁祖是唐朝人孙万登。孙万登在唐懿宗咸通年间（860—873 年），官至金吾上将军①。后随从岭南节度使康承训平定交趾（今越南），唐哀帝三年（906 年），凯旋后领军北归，路过休宁境内时，唐朝已经灭亡，孙万登已无主可从，无令可奉，遂率部在休宁唐田（一说黎阳）定居下来，并选派军中身体强壮、精于农事的士卒就地辟荒耕耘。孙万登

---

① 唐代官署名，掌管皇帝禁卫、扈从等事的亲军。分左右金吾卫，各设上将军一人（从二品），大将军一人。

定居休宁后，安居乐业，人丁兴旺。据后来的《龙舒孙氏家谱》记载，到明朝宣德年间，居住在休宁、祁门、歙县、黟县四县的孙氏人口总数已超过2万人。这些人皆尊孙万登为孙氏始祖，也有的称孙万登为“休宁一世祖”。

孙万登十世孙孙子厚由唐田迁草市。明洪武年间，有孙兴、字忠原者，“行义重其乡，爽负才艺”，受程伯奇之聘由草市来汉口授学，孙兴在汉口娶妻程氏，于是在汉口安家立业，成了汉口孙氏始迁祖。

孙兴婚后生育子女多人，唯老二孙春殷家人丁兴旺。孙春殷生育儿子八人、孙子十人，都很健康。

孙兴不追逐名利，不愿入仕，自建一屋，以泉石自名，将家事交给儿子春殷打理，自己颐养天年了。

孙春殷接过父亲的班，继续奋斗，购置田地，赡养父母，善待兄弟，开办家塾、教育子女，孙家开始兴旺发达，远近知名。孙春殷的几个弟弟春阳、士辉、质美则专心攻读，不问家事，都有所成就，士辉更是在文学上名噪一时。

孙春殷为人谨慎、谦虚好礼，急公好义，扶危济困。他还经常为人排解纠纷、喻以道义，众人皆服。

到了晚年，孙春殷仿照古代贤人，也继承了他父亲的传统，在岐山极幽胜处筑室，自号“岐隐”，“日坐其中，读易自适，而家事付诸子，则又若幽人逸士，与世相忘者。”① 他把家事交予长子孙以宽后，自己则颐养天年。孙春殷和他的妻子程氏（富溪，今大阜人）都很爱长子孙以宽，常说：“以宽定能让孙家兴旺发达。”

孙春殷的长子孙存仁，字以宽，出生于明宣德六年（公元1431年），性格纯朴善良，孝敬父母。

---

① （明）家乘：《岐隐孙处士春殷传》，钦定《四库全书》集部六别集类五：《新安文献志》卷九十。

孙以宽的三弟号云隐处士，很有学问，喜欢诗词歌赋。初始，以宽和他一起四处赋诗唱和，悠游山水。然而，二老年事已高，以宽有兄弟七人，全家百余口，日子过得越来越拮据。

一天，以宽将众兄弟找到一起，对大家说，读书是立家之本，不可偏废，但是，现在生活无着，需要大家齐心协力。于是，以宽与大家一起从长计议，共谋发展。以宽将众兄弟有的派到苏吴，有的派往两广去做生意，发展贸易，兄弟们无不听从安排。

不出数年，果然如二老所言，孙家在长子孙以宽的筹划下开始兴旺发达。大家坐下总结这几年能够致富的原因，不外以下几点：订立规矩，大家遵守；坚持集体利益，不设小金库；兄弟通力合作，不分家；婚丧宴请，银钱支出，都要从简；礼节来往，接济危困，都要按照古礼行事，以节约为本；延请教师，教育子女，且亲自督学。一时间，孙家成了汉口村的模范家庭，只要说起持家有方者，必指孙家。

家业兴旺之后，以宽开始计划兴建宗祠、制定宗法。遗憾的是，以宽突然染病，成化元年（1472 年）病逝，是年四十二岁，计划没有实现。

以宽平生生活简朴，痛恶奢靡，喜爱菊花，终生不厌，自号“菊窗”；娶妻程氏，有教养，贤淑。

孙以宽有三个儿子：廷杰、廷弼、廷式，一个女儿。孙男二人：友进、友缘，孙女三人。以宽死后其子孙一直遵守家规，后代孙家人果然在汉口修建了“孙家祠堂”，孙氏一支在汉口生根开花。

以宽去世二十四年后，其三子廷式请程敏政作墓志铭。程敏政对孙以宽能够继承祖业，订立家规，兄弟齐心，勤俭持家的精神十分敬佩，写道：

无咎承考，孰悖之畏。念鞠子哀，孰盭之愧。有堂构矣，亦学友于肃彼，家规莫之敢渝。繄若人兮，胡弗寿岂。月旦有言，不亡者在。黄花采采，白杨萧萧。最行勒铭，惟后之昭。

这段话的大意是说，孙以宽继承祖业，建立家规、家族兴旺，令人钦佩，好人虽短寿，但精神长在。以文记之，昭示后人。

九、汉口汪氏和汪王庙

20 世纪 50 年代，汉口还保留不少明代建筑，如河西观音堂、后田树德堂、下村的观音山（殿）、河西的忠壮殿等，后来陆续被毁。现在汉口仅存一幢总体完好的明代建筑，前后三进，上下两层，柱头和窗下都有木雕花饰。这栋老屋的主人就是后田汪家。

木雕窗花

门楼

现存汉口汪氏明代民居

汉口汪氏始迁祖是汪洗。元末明初，汪洗自休宁西门柳溪书院迁到汉口定居，娶妻程氏，并在汉口建养晦山屋终老。

康熙《休宁县志》载：“汪洗，字彦晖，（休宁）西门人，徙居汉川，从朱枫林（朱升）、赵东山（赵汸）、汪蓉峰，讲明性理之学，诗文高古，号养晦，人称养晦先生。”

汪洗在汉口定居以后，曾留下一首怀古诗：

云溪万松岭程内翰墓

内相遗踪何处寻，万松青锁郁森森。
两行翁仲标黄壤，十丈穹碑倚翠岑。

雪案几人灯火志，冰岩千古岁寒心。
清风不断云溪上，冠剑空遗草木深。

休宁西门汪氏属江南望族，汪洗生活在元末明初，和元代许多读书人一样，不走仕途，潜心研究程朱理学。

汪洗与当时的上层文人保持较密切的联系。朱同（朱升之次子）在洪武元年（公元 1367 年）就曾有诗《上巳苦雨》赠汪洗[①]。当时朱同做客汉口，原先约定三月三日一同外出踏春，因为连日淫雨，未能成行：

上巳苦雨

三月三日苦淫雨，春游无计令人愁。
云低暮色近垂地，风卷涛声遥撼楼。
青天白日果何处，急电雷轰方未休。
最怜桃李花开树，零落离披不自由。

为纪念先祖，汪洗的六世孙汪尚和在汪洗当年讲学的地方——休宁西门柳溪书院重筑书室，奉先祖汪洗的遗墨讲学。

汪尚和，字节夫，性孝友，不求仕进，有志理学。著有《紫峰家训》《蓄德录》《紫阳道脉录》四卷。

在明代“汉川图形”中，村北乌龙山下有一处建筑——汪王庙。汉口汪王庙是汉口汪氏为纪念汪华而建。汪华（587—649 年），原名汪世华，字国辅，一字英发，隋朝歙州歙县登源里（今属绩溪）人氏。

隋末天下大乱，汪华为保境安民，起兵先后统领了歙州、宣州、杭州、饶州、睦州、婺州等六州，建立吴国，自称吴王，实施仁政，百姓安居乐业。唐高祖武德四年（621 年），

① “上巳”指夏历三月初的第一个巳日，汉代以前已经把上巳定为正式节日，魏晋后将上巳节固定为三月初三日。“上巳”节类似于现今的春假。

汪华审时度势，主动放弃王位，率土归唐。唐高祖李渊授予上柱国、越国公、歙州刺史，总管六州军政；贞观二年（628 年），唐太宗李世民授汪华忠武大将军、参掌禁军大权，委以九宫留守，辅佐朝政，位极人臣。逝后，赐谥忠烈。

汪华集儒、释、道于一身，文韬武略，拥有卓越的军事才能和政治谋略，江南六州百姓奉其为神，拜为“汪公大帝”“太阳菩萨”“太平之主”，建祠立庙，四时祭祀，千年不辍。

越国公　汪华

十、父子奇人程玩和程充

程玩，字叔润，号韫斋，又号悟易老人，生于明洪武戊寅年（1398 年），卒于景泰丙子年（1458 年），享年六十一岁。程玩是汊川程氏十六世祖，是南宋忠节程洙的五世孙。

程玩自幼聪敏好学，善书法，旁通地理、星象、占卜之术，以乡间塾师为业。宣德年间用时九年，修编《程氏谱》六十卷，曾与太常侍卿江西南城人程南云会谱。著有《山林歌咏稿》等，在乡间任塾师，曾有州、县官员前来相请为师，程玩始终没有出山，但一时名声大震。

程玩性格刚正不阿，事亲孝、教子严、处友信。晚年闭门谢客，终日钻研“先天之理”。《韫斋处士程公玩墓铭》作者张阙在评价程玩时[1]，对他的勤勉好学、德才兼备而没有得到

[1]（明）张阙，《韫斋处士程公玩墓铭》，钦定《四库全书》集部六别集类五，《新安文献志》卷九十五（下）。

社会的重用十分惋惜：“呜呼！公以勤苦自励，卓然有立于世，德才两优，未至于用，而以隐终，惜哉。”

程充，字用光，生于明宣德癸丑（1433 年），卒于弘治己酉（1489 年），得年五十有七。

程充是程玩的次子，为继母所生，他继承了先父的基因，性格开朗、爽直。年幼从父学习先贤之学，一开始就厌倦“之乎者也”的皮毛知识，愿意以古人为师，熟读春秋。

用光在家从医，为亲友乡邻治病，还研究星象，堪舆（看风水）、数学等都有成就，对每一项学问都穷之以理，很快就名播四方，很多人来汉口向用光请教、学习。前义乌王孙稚贰通过休宁县令希望能单独聘用他作为家庭教师；江西建昌程姓宗人太常寺卿南云了解到用光的情况以后，欲向朝廷举荐良才。这些都被用光辞谢，原因是父母年老体衰，不便远游。父母双亲辞世以后，用光自觉上了年纪，再也没有兴趣出山。

用光所居岐阳山下，林深境幽，自建藏书屋，曰“岐阳书室”，自号复春居士，与族内贤者结社吟诗，自娱其乐，淡泊名利。

用光平常持家以及一切婚丧应酬，都遵循朱熹订的规例。为了长久保持礼节，用光还计划修建庙宇，与族弟逸民处士一起修订本宗谱，扩建忠壮公行祠，将忠壮公之子威悼将军和汉口程氏始迁祖岩将程沄列入祭祀之列；每年召集族人后代集会庆贺昌盛；此外，考证远世祖宗坟茔，为十世以内祖宗勒石刻碑，用光这些举动使得汉口村族风大振。

经常有州、县名人前来求医问药，也有人前来请求校订县志及商讨刻版印刷等事。

用光秉性爽直、言行不苟，对父母特别孝顺，对兄长也非常尊敬，兄长也很支持用光。用光与人交往，很有主见，不会曲意奉承。遇有不合规矩之事，可以否决于“义”，绝不会用自身利益做交易。所有正直的人都愿与他交往；不太了解用光的人，都觉得他很严厉，有几分惧怕。

程充与程敏政交往甚密，既有工作联系（如修编族谱、编写县志等），私交也很好，用光独以族叔称呼程敏政。程敏政常年在京城做官，有一天，忽然接到用光来信，要他早点返回徽州，以保晚节。程敏政对此很是疑惑，猜不透用光的用意。果然不出三天，程敏政遭到同僚的弹劾，连他自己都没有料到，用光真神人也！后来证实，弹劾没有实据，五年后，程敏政恢复了官职。

用光还有很多复兴家族的计划，如修缮先祖端名公（程珌公）祠等，但是用光病倒了，很多想法都没有实现。用光去世前神清气静，思维不乱，手写诀别信，一如平日。

程充所著诗文有《管天稿》，所编有《云溪程氏族谱》十二卷、《程氏文翰》七卷、《重订丹溪心法》一百篇。

用光的妻子是方山吴氏，儿子四人，祖兴、祖淳、祖明、祖衡，都自立于世。三个女儿，琼、珪、玺许。孙男二人，暾、旦。孙女四人。

程敏政因忙于处理丧女和葬弟之事，未能见到程充最后一面，感到深深遗憾。他在程充的墓志铭中深情地写道："岐山幽幽，昔藏子之书兮；汉水溶溶，亦供子之渔兮。子今往矣，怅孰之为娱兮？石泐川湮，子名之不渝兮。"①

在程充生前，程敏政写过一首诗，非常贴切地描画出程充和程隐这两位汉口挚友的形象：

清风明月两闲人，何用浮名绊此身？
闭户著书多岁月，野花啼鸟一般春。

---

① （明）程敏政，《程用光墓志铭》，钦定《四库全书》集部六别集类五，《篁敦文集》卷四十五。

程玩和程充父子俩都有过人的才能，他们不显山不露水，在汉口这个地方过着隐居般的生活，也是人生的一种选择。

十一、百岁耆老——程诗

古语说：人生七十古来稀。活过一百岁更是人间罕见，百岁老人被称为“人瑞”，汉口村的历史上就有过这么一位“人瑞”。

程诗，字道一，乳名实，生于明洪武乙亥年（1395 年），卒于明弘治乙卯年（1495 年），寿一百零一岁，汉川程氏二十二世祖，其父为程安。程诗的墓志铭曰：程诗“为人淳朴，涉猎书史”，年轻时经营木材和粮食贸易，从徽州运木材至苏州出售，然后将粮食运回徽州。有一年，赶上年成不好，木材卖不出去，连本钱也没有收回，空手而归。

此后，程诗不再外出，在家安心务农，勤习孔孟。每日早起，招呼子弟家人各司其职，入夜则抚琴读书，作息有时。遇有来客，促膝长谈，不显疲倦。

年轻时的程诗体魄健硕。有一次在苏州境内，雨天摆渡，船翻溺水。他自思，溺水之人除非脱去身上的衣服、鞋靴，否则无以逃生。于是就潜入水下，脱去衣物，从水下一跃而起逃生。还有一次船行江上遇到一伙盗贼，同行的人都潜伏在船舱内，不敢声张。程诗说：“我等如此示弱，必将遭祸。”于是率领众人奋勇向前，与盗贼搏斗。盗贼一看，这伙人来者不善，只好逃之夭夭。

老人待人耿直，但不失规矩。一家百余口人，和和睦睦，尽诗书礼仪，没有多少人家可以做到。进入老年，程诗将家产悉分予孙子辈，而不分予儿子辈（其实，三个儿子都先他辞世），老人说：“这样做更公平。”

程诗老人身材颀长，腰板挺直，瞳孔乌黑，耳郭修长，几乎垂肩；耳廓上长有长约两寸的须毛；老人头上的白发逐渐脱落，黑发逐渐新生。

九十五岁时，朝廷向程实“恩授冠带”，表示对长寿老人的尊敬。长寿官简称寿官，是明清时授予长寿老人的一种名誉官衔，授衔的同时授予官服、冠带，受赐年龄最初为百岁，到明万历以后降为七十岁，整个明朝仅授过九次。

中国古代有一个规矩，乡里或村里举办宴会时，必须请乡里有名望的高寿老人做主宾，坐在上座，称为“饮介宾”。这种场合，程诗大多辞谢不出席。

程诗一生没有生病，没有看过医生，走路步履如飞，从不拄拐杖。一百零一岁临终时，换上盛服，将后辈人叫到跟前说：“我要与你们永别了。”说完，他便溘然长逝。村邻都说：“程诗真异人也！”

程诗一生娶过三任妻子，生育三个儿子和三个女儿，三个儿子都先他而逝；还有孙男九人、孙女三人、曾孙男九人、曾孙女六人、玄孙男一人。五世同堂，其乐融融。

《百岁程君（实）墓表》的作者家乘不无感慨地写道：“呜呼！我列圣休养涵煦之泽被海内久矣，而有人瑞焉乃出于新安之程氏，得不谨着之，以昭其盛于无穷也哉。”①

十二、悬壶济世　汉川良医

（一）优秀的医学传统

中医不仅是一门技艺，也是中国传统哲学观点在人体科学上的应用，如阴阳五行、任督二脉、辨证施治、内病外治、冬

① （明）家乘，《百岁程君（实）墓表》，钦定《四库全书》集部总集类，《新安文献志》卷九Ⅰ。

病夏治等，无不和中国哲学联系在一起。一个好中医，一定是一个好的儒者。

北宋时期，宋徽宗（1082—1135 年）颁诏，将医学主管部门由太常寺改为国子监，并按等级任命医官，儒医的地位得到确立，从而使医学纳入儒学教育体系，开辟了一条“医而优则仕”的道路。

汉口是一个儒学气氛浓厚的地方，很多读书人将“修身、齐家、治国、平天下”的远大志向，与自身的兴趣、爱好相结合，走上了“悬壶济世，本草扶病”的道路。

中医药是几千年来中华民族健康和繁衍的保障，医生用自己的知识服务于千千万万的民众，人们也对他们回报以尊敬。在汉口这片土地上，自古至今就不缺少自己的医生，汉口人对医生称呼“先生”，与对塾师的称呼一样，表达出对医生的敬仰之情。

在《汉川程氏历世典籍纪略》中，就有多部医学著作的记载，如（元）程清著《诊脉元龟》《卫生宝鉴》，（清）程钟著《痘疹捷诀》，（清）程知著《医解》十卷、《金匮玉函伤寒经》十三卷、《金匮玉函杂病经注》三卷、《内经注》、《本草经解》等。

本书所介绍的是仅在史书上有记载的几位汉川良医。

（二）好人程太医——程深甫

程自得，字深甫，汉川程氏十三世祖，出生在南宋后期，其父程如晦。

与汉口的其他年轻人一样，程深甫自幼熟读经书，接受儒家经典教育，在元代统治者取消科举取士的制度以后，潜心钻研医学。青年时期到淮西一带游览，遇上战乱（很可能是蒙古人进攻南宋），见到百姓流离失所，疾病缠身，就利用所学知识，为百姓治疗、用药。

由于程深甫医术高明，且注重医德，很快博得信任，擢升为江浙医官提举①。时值皇帝染病，征召天下名医，程深甫也在其列。皇上用过程深甫开的药，病情立即好转，一时间，程深甫名满南北，有“好人程太医”之语。

元大德丁酉年（1297 年）9 月，程深甫回汉口省亲，12 月 17 日返程途中，到先祖元谭公墓祭祀。按照以前的文献描述，元谭公墓在歙州之西十里，一个叫“双石前”的地方，因墓前有两尊石人得名，墓前广场宏大，可容万人。

程深甫及至到达目的地，来回寻找多时，仅发现两个半截石人，原来的广场已经变成耕地，询问之下，得知此地几经变卖，主人早非程姓。他想到程氏乃新安望族，枝繁叶茂，多有显贵，祖宗墓地竟然落到这般地步；又回想当年程珌先辈曾经在此划定元谭公墓的疆界，才过去四代人，斗转星移，就变成今天这样破败，作为程氏子孙，又情何以堪！

新安程氏始迁祖元谭公

次日，程深甫到访紫阳书院，会见山长程逢午（汉口同乡），告知所见，并将情况报告州府，会同附近程氏子孙，于 12 月 26 日，冒着风雪大寒，到现场踏勘，“指画疆界、复还旧物”，用金钱赎回土地，交付近程姓子孙耕种，土地收入作为守墓费用。

---

① 官医提举司，元官署名。至元二十五年（1288 年）始置，掌医户差役词讼。河南、江浙、江西、湖广、陕西五省各立一司，余省皆无。提举是司的最高官员，从六品。

程逢午为此事写了一篇《晋新安太守程公墓志》[①]，赞扬程深甫的作为。他说："根本固则枝叶茂，而枝叶之茂者亦足以庇其本根，祖德深厚实子孙悠久之基。"又说："尊祖故敬宗，敬宗故睦族。深甫可为能尽其道矣，亦其天性仁厚知所重而不敢忽也。"

（三）诊脉决生死——范天锡

范天锡，字寿朋，汊川范氏三世祖，生活在元代初期。

汊口范氏始迁祖是程珌的外甥范震，范震生子一呙，是徽州府学教谕，一呙的儿子就是范天锡。

（明）弘治《休宁县志》载：范天锡深邃轩岐之术[②]，诊脉能决人生死，用药不滞于古方，随手而应，无不效者。由于医术高明和医德高尚，升任郡医学提领[③]。

范天锡的儿子就是休宁理学九贤之一的范准。

（四）复春居士程充

程充（字用光）的著作有《管天稿》若干卷，修编《沄溪程氏族谱》（与程隐合作）十二卷，《程氏文翰》七卷，《重订丹溪心法》（程敏政序）三卷一百篇。上述文献中，仅有《重订丹溪心法》存世。程充在明成化十七年（公元1481年）完成对《丹溪心法》的删定、校正工作，次年刻版刊行，由程敏政作序。

《丹溪心法》，（元）朱震亨（字丹溪）著述。原书并非朱氏自撰，由他的学生根据其学术经验和平素所述纂辑而成，多有错漏，后经程充删订、校正，成了当前的流传本。卷首有"十二经见证""不治已病治未病"等六篇医论；全书分列各

---

① （元）程逢午，《晋新安太守程公墓志》，钦定《四库全书》集部总集类，《新安文献志》，卷十四。

② 轩岐，黄帝轩辕氏与其臣岐伯的并称，他们被视作中国医药的始祖，"轩岐之术"泛指医道。

③ 医学提领，主管州群医务的官员。

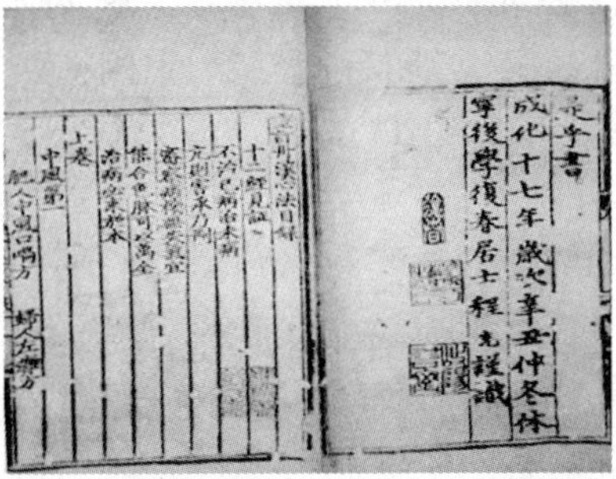
成化十七年歲次辛丑仲冬休
寧後學復春居士程充識

《重订丹溪心法》复春居士程充

科病症一百篇，以内科杂病为主，兼及其他各科，集中和全面地反映了朱氏“阳常有余，阴常不足”的学说以及气、血、痰、郁诸病治疗见解和丰富经验，是一部研究内科杂病和朱氏学说的重要著作。该书问世后流行颇广、影响较大，现有多种明、清刻本。1949 年后有排印本。

（五）医药并举——程履新

程履新，字德基，明末清初医家，自幼多病，从学明末祁门名医李之材（字素庵），泛览医书及古今本草。所著《山居本草》引文曰：程履新“以刀圭[1]之神，见重于王侯公卿，一时车骑盈门”“后随督师进剿凯旋，议叙授司马之职，而先生不乐就也……先生志在山水，而今已山居名篇犹之”。

从这一段文字可以看出，程履新在医界成名以后，曾是一名军医，随军征战南北，本可以授之以军衔，但他还是愿意生活在汉口这片土地上，潜心研究医药，服务百姓。

程履新常年游学江浙等地，颇有医名。取常见病症及有效验方，参以前贤论说，撰《程氏易简方论》六卷（清康熙二十二年，公元 1683 年首刻）；另撰有《山居本草》一书（清

① 刀圭，中药量器，此处泛指中医药技艺。

康熙二十五年，公元 1686 年首刻）。这两本专著，前者为“医”，后者为“药”，说明程履新精通中医和中药。

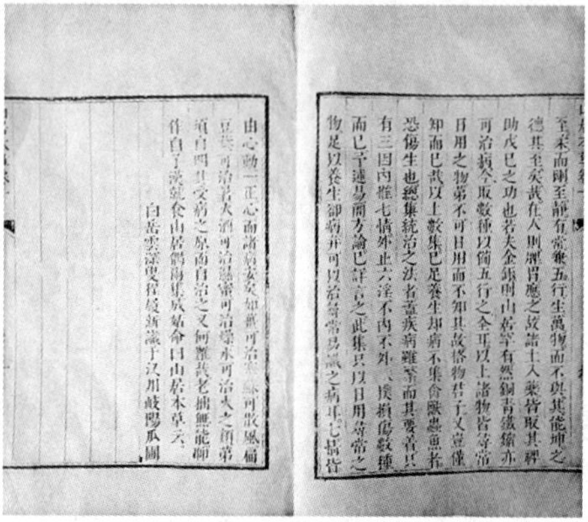

《山居本草》序

（尾署“白岳云深叟程履新识于汉川岐阳瓜圃”）

《程氏易简方论》，或作《程氏医方简编》《易简方论》，两卷。卷一论述古医书、诊治要则、用药机要等；卷二分科、分门、分症记述以内科杂病方论为主，兼及五官、妇科、儿科、外科病症的方剂。每症列病因、病理、总论、方剂、方义、加减法及所治验案。选方中有不少民间简效方。

《山居本草》为养生与本草相结合的综合性著作①。全书分六卷，收载药物 1333 种，每药记其正名、别名、鉴别、炮制、性味、功能主治、用法、宜忌、附方等，颇切合实际。

（六）为官兼医——程丽芬

程春藻，字丽芬，休宁汉口长巷谷贻堂人氏，生活在清咸丰、光绪年间。程丽芬并非职业医生，他为官、精儒、通医。清光绪年间任湖北盐道时，其医术之高明就在官场传开。

① 中国中医药信息杂志，1996 年，第 3 卷第 9 期，“书讯”栏目。

早在光绪元年（1875 年）6 月，李鸿章母亲感染暑疾，“颇剧”，即由程春藻“妙剂回春”。年底，李鸿章致福建巡抚丁日昌函中就提及“家慈服程丽芬补剂，大效，业经复原”。在另一信中又谓老母“近服程丽芬丸方，咳痰不作，据丽芬来信，可冀断根，实深庆幸”。二年春，再向两江总督沈葆桢推荐，“尊患咳逆，宜请湖北候补道程丽芬诊治，必可痊愈”。不久，沈葆桢复函李鸿章，告知“丽芬到此，曾乞一诊，明说疾不可为，真良医也”。

后来，沈葆桢在致友人的函中几次提及：“程丽芬名春藻，天分甚高，方颇奇险。”“丽芬观察天分极高，血性男子，弟与之向未一面，竟承其枉道来视两次，心极感之。”显然，程丽芬在官场中也是声名远播的医生。

光绪六年（公元 1880 年），慈禧生病，久治不愈，朝廷酝酿延请民间医生，各地大臣纷纷举荐。时任左庶子的张之洞推举的医生中就有程丽芬，其推荐词说：“程春藻，安徽人，现官湖北候补道，署湖北盐道，医素有名，去冬李相太夫人病重，服其药而愈，此外奏效蔼多。”从名单看，所推举的人基本上都是精通医术的官员。

经过一年多的折腾，慈禧的病情痊愈。程丽芬为慈禧治病这件事，在汉口一直流传。程丽芬的祖屋内保存两张精致木床，据说是慈禧太后所赠。

程丽芬的孙子就是清末民初的民主革命志士程家柽。

十三、汉口的布衣诗人及其他

（一）文人骚客　世代相传

汉口，岐阳耸立，两水环绕，山濛水碧，景色宜人。自程沄公落户汉口，耕读传家，繁衍生息，千余年来，有无数人在这块土地上吟诗唱和，抒发情感。仅从《汉川程氏历世典籍纪略》可以发现，汉口历代都不乏文人骚客。

在宋代，程珌传世的诗词作品就有187首，他的堂弟程洙也是一位诗人，著有《南窗诗集》，还有程有容的《百老诗集》。到了元代，有程祎的《竹林吟稿》。明代汉口诗人更多，程有林的《有斋吟稿》、程若虚的《学思吟稿》、程玩（韫斋）的《山林歌咏稿》、程晦如的《江湖风雅》、程岚的《栖云吟稿》、程祖武的《竹所吟稿》、程祖华的《岐山吟稿》、程云巢的《古今诗余》、程存礼的《困斋吟稿》、程存心的《云崖诗集》、程存恩的《岐山樵歌》和《古今哀挽诗选》、程尚霖的《寒碉诗集》、程昶的《蓝涧吟稿》、程晔的《潜庵吟稿》、程寄的《前川吟稿》、程应元的《柳巷吟稿》、程奇球的《遁斋吟稿》、程廷珊的《方塘吟稿》、程伯阳的《小樵吟稿》、程魏英的《从登诗稿》、程桂奇的《草堂乐府》。清代有程胤兆的《知还堂诗集》、程文元的《汝谦诗稿》和《素菴吟稿》、程舆筠的《接云居诗集》、程穆的《晓斋诗稿》、程震的《士起吟稿》、程湄（编）的《太仓十子伊人诗》、程羽丰的《别山诗集》、程作舟的《删后诗》等。

上面所述均为有诗集面世或结集刻版的，还有一些文人学者的诗歌散布在自己或友人的著作中。如明代《仰山乘》一书中就收集了大量的诗歌，其中汉口籍的作者就有十余人。上述诗集的作者大多不是专业诗人，也非官员，大体可以归入“布衣诗人”之列。还有一些非程姓的作者，如汪洗、范准、赵时用等也都留下很多脍炙人口的诗句。

上述汉口诗人的诗作大多已经散佚，令人叹息，这里只能根据可以找到的资料介绍一二（以诗人生卒时间为序）。

本书所录的诗人中，有几位虽不属汉口籍，但其诗作与汉口相关，有助于从不同侧面加深对汉口的了解。

（二）江敏求

弘治《休宁县志》（卷九）记载：江敏求，元代名儒，汉口人，曾开馆授业，学子们尊称他“明安先生”，明代开国谋臣朱升曾经从学于他。江敏求留下七言诗一首：

晏郎台前官树林，桥上行人流水心。
独行云峤双飞舄，爱子山头多白云。
江上年年芳意早，敏学高文俊茂身。

（三）汪洗

汪洗，字彦晖，号养晦，人称养晦先生，元末明初自休宁西门迁来汉口，成汉口汪氏始迁祖，娶妻程氏，建养晦山屋终老。汪洗师从朱升、赵东山、汪蓉峰等名儒，毕生致力于研究程朱理学。现仅有七律、七绝各一首存世。

云溪万松岭程内翰墓

内相遗踪何处寻，万松青锁郁森森。
两行翁仲标黄壤，十丈穹碑倚翠岑。
雪案几人灯火志，冰岩千古岁寒心。
清风不断云溪上，冠剑空遗草木深。

看　花

随步看花花正开，今朝零落满苍苔。
不需苦恨三更雨，岁岁春风去又来。

（四）程隐

程隐，字逸民，号云巢，汉川程氏十七世祖，与程充同辈，生活在明成化、弘治年间。曾主持修编《汉口程氏族谱》，还曾参与程敏政主持的《新安程氏统宗世谱》和弘治《休宁县志》的编纂。程隐的著作有《云巢文集》《自励稿》和《古今诗余》，都已失传。弘治《休宁县志》（卷三十六）收录程隐咏东密岩诗一首：

东 密 岩

群山四拱碧崔嵬，中有唐时旧战台。
路转逶迤云里过，泉流曲折洞前来。
断碑蚀土消残字，折戟沉沙带古苔。
欲问前朝无故老，猿啼落日寄余哀。

程隐还写过一篇《统宗佳会序》（弘治《徽州府志》卷十一），叙述成化壬寅年（1482 年）各派程氏宗人应程敏政（克勤）之邀，在“南山思孝轩”（程敏政居所）集会的盛况。此次聚会的目的是商讨编写《程氏统宗谱》，当时程敏政因父亲去世在家丁忧（守孝），主持编谱之事。

到会者有的赋诗，有的作画，汇集成册，程克俭（程敏政之三弟）定名《统宗佳会》，请程隐作序。程隐将此次聚会形容为程氏宗族的中兴大会，他在序中写道：程氏家族“自一人之身至数百人之众，如木之根而干干、而枝枝，而叶浩浩乎其繁也；自一世之近至数十世之远，如水之源而川川、而河河、而海渊渊乎其大也。”又说，此次盛会“实千载一世之盛举，乌可无言以识其会?”

（五）程可中

程可中，字仲权，汊口人，生卒年份不详，生活在明代中、后期的嘉靖、万历年间。程可中的诗集十卷和文集十六卷被《四库全书》收集。《四库全书》编者对程可中的介绍是：可中，字仲权，休宁人。其六言律、七言排律及赋、颂诸体，至以一首为一卷，编次殊为繁碎，其诗亦七子末派也。

清道光《休宁县志》载：“程可中，字仲权，汊口人，善诗工书，为祝令世禄①推许遨游都会，士大夫每客之，有仲权

① 祝世禄，明万历十七年至二十一年（1589—1593 年）任休宁县知县。

集，李维祯、董复亨为之序。”康熙《休宁县志》载，程可中“卒于京邸”。

《中国历代人名大辞典》载：“程可中，明徽州府休宁人，字仲权。家贫，为童子师。从人借古书，挑灯夜读，遂博洽，能为诗文。”有《程仲权先生诗文集》。

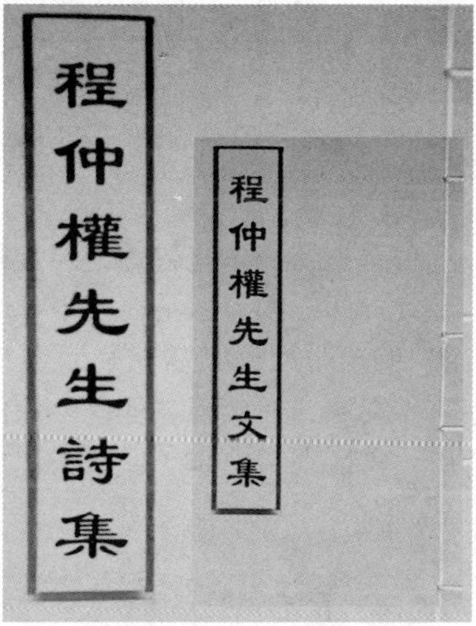

《程仲权先生诗文集》

从上面这些介绍和程可中遗存的诗文，大致可以这样来归纳：

程可中家境不好，年轻时以教书为生；善诗善书，性格豪放，生性好游，喜结交，与当时的诗人，如梅守箕①、何白②

① 梅守箕，字季豹，号文岳，明代中、后期宣城人。自幼聪颖，生平疏放，不屑举业。著作仅存《居诸》前后二集行于世。

② 何白（1562—1642 年），字无咎，福建乐清人，著名布衣诗人，自称丹邱生，又号鹤溪老渔。与王世贞等后七子交往很深。

以及戏剧家潘之恒①等交往亲密；《四库全书》将程可中的诗归为“七子”之列，但其品位不及“七子”；在文学界，程可中大约可以用“布衣诗人”“边塞诗人”“山人”等定位。

说起程可中的诗，离不开明代“七子”。“明七子”有“前七子”与“后七子”之分。前七子包括弘治、正德年间的李梦阳、何景明等七人，后七子指明嘉靖年间的李攀龙、王世贞等七人。“前七子”和“后七子”代表了不同的文学流派，但他们的文学主张都是强调“文必秦汉、诗必盛唐”，他们都认为古文已有成法，今人作文只要“琢字成辞，属辞成篇，以求当于古之作者而已”。

程可中年轻时在家乡充任私塾教师，因善诗文，受知县祝世禄的鼓励，外出交游，先期与歙县戏剧学家潘之恒交往，参加歙人汪道昆②组织的丰干社，其后又加入白榆社以及徽州文人组织的其他诗社、文社、禅社等。程可中的前期诗作多是文人之间的游宴唱和、离情别绪之作，反映明代后期士大夫阶层的生活，如：

咏沙岸限沙字

篷窗不自得，随意坐高沙。痕蚀渔梁浅。莎连鸟迹斜。
善崩防岸柳，余润长汀花。最喜行粘屐，沿流到酒家。

后来，程可中北上南下，游历名山大川，凭吊古战场，足迹遍布现今河北、山西、陕西、甘肃、河南、湖北，写下一些边塞诗，风格较之前有所变化。如：

---

① 潘之恒（约1536—1621年），字景升，号鸾啸生，冰华生，安徽歙县岩寺（今黄山市徽州区）人，侨寓金陵（今江苏南京）。明代戏曲评论家、诗人，撰有诗集《涉江集》等。

② 汪道昆（1525—1593年），字伯玉，号南溟，又号太函，歙县西溪南松明山（今属徽州区）人，嘉靖二十六年（公元1547年）进士，仕终兵部左侍郎。

上谷秋日杂书四首之四

关头明月古今情，树引凉飙夜有声。
土木未忘巡正统，封疆无复问开平。
霜迎狼纛秋临祭，风偃龙祠岁守盟。
此日庙谟争画一，空谈莫遣误书生。

除了诗集十卷，程可中还有文集四册十六卷传世。文集的内容包括：赋1篇、颂1篇、传8篇、诔3篇、记10篇、缘起2篇、序12篇、疏6篇、铭19篇、赞9篇、祭文5篇、启22篇、书22篇、诗余23首、乐府北词47首和乐府南词36首。程可中一生中的很多时间与潘之恒交往，挚爱戏曲、钻研戏文，多年混迹于艺人和歌舞伎之中，文集的主要篇幅在于唱词的创作。

程可中一生漂泊在外，文集中只有少数几篇与家乡有关。其中一篇为《仰山伽蓝碑记》，记述的内容与《仰山乘》相若；《仰山乘》录有程可中诗若干首。

《程可中文集》卷十“赞”中有一篇《族兄汝玉像赞》，是为纪念《汉口志》一书作者程汝玉的亡灵所作，这是唯一能够见到的对程汝玉的文字描述。程可中说，汝玉“少爽不羁、徵为王官不拜，壮乃折节为饰士。才谞绝伦，每能先兆，见利预戒以防患。谐众以谋始，持固以虑终。凡有义举，莫不首奉。汝玉受质至今，里中祖宗坟墓、祠祀、桥梁、道路、胜迹之不废，莫非汝玉手所部署也。予睹汝玉像而思功焉，故为之赞”。一个性格豪爽、不愿入仕，有胆略、有预见，急公好义、热心乡里的程汝玉形象跃然纸上。

程可中还留下一些写给亲人和朋友的书信，从中可以看出，他是一个放荡不羁的游子，一生游遍三山五岳、天南地北；但是到了老年戒酒戒色、开始信佛。

游子思乡，但未能终老徽州，程可中老年客死北京。

程可中在北京时还与程琮、范如珪等人结紫芝社。程可中与潘之恒是至交，而且是儿女亲家，潘之恒的儿子娶了他的女儿。

（六）范如珪

康熙《休宁县志》载："范如珪，字文瑞，汉口人，颖敏慷慨，不事生业，道易春秋，一经已集，诗工各体，贫不苟取。游吴越齐鲁，名山引重。与汪少廉、吴琼及族子林塘范洪、范濠结盟，著作有《紫芝社草淇》《豫章漫草》等。"

范如珪的生活年代在明中、后期，与程可中是同时代人。《四库全书》收录范如珪诗一首：

江　上

江上西风雨复晴，菰蒲深处钓丝轻。
何人隔岸吹长笛，杨柳秋江一夜生。
双流回合激清湍，映带沙村八月寒。
可惜波心没钓石，老夫何处系鱼竿？

（七）程伯阳

程伯阳[1]，字师道，汉口人，生平不详，生活在明代中、后期。家贫卖药自给，诗多漫兴而沉思，著有《小樵吟稿》和《南都游稿》，但仅有五律四首存世。

园　居

篱落带疏林，园居一径深。隔邻分果树，傍户扫花阴。

不卖"成都卜"，长为《梁父吟》。翻嫌桔槔者，抱瓮百年心。

过南山怀许宣平

仙人去已久，我来经南山。丹灶今已没，白云长自闲。
风吹桂枝绿，雨落桃花斑。空传负薪句，沽酒何时还。

---

① 陈开林，《〈列朝诗集小传〉传文考朴》，《常熟理工学院学报》，2016 年第 1 期。

都门逢族人

白发都门道，相逢意自亲。即倾竹叶酒，共醉杨花春。
漂泊任孤旅，疏狂异众人。还思汉口上，归去好垂纶。

过 雄 路

孤村兵火后，小店闭斜曛。断镞人犹拾，阴磷鬼自焚。
寒花犹笑日，倦马故嘶云。野老逢相问，停鞭不忍闻。

从仅存的四首诗看，程伯阳的诗充满生活气息，《都门逢族人》一首更是写出一个汉口远乡游子的思乡情怀。

（八）唐筠轩

唐筠轩，字长孺，元代歙县人，任徽州路儒学教授，著有《易传义大意》十卷，《见闻录》二十卷，《诗文》五十卷。

《汉川道中》可能是唐筠轩任职徽州路儒学教授期间，来汉口视察教育或探幽访友时所作。

汉川道中

竹舆从俯仰，山翠自横陈。客路偏逢雨，溪花尚占春。
冲泥怜扑子，访旧介樵人，出坞风烟豁，初看万瓦鳞。

（九）吴克敏

吴克敏，元代徽州儒士，与朱升、程仲本等过从甚密，生卒年月及生平事迹不详。

过汉府访程仲本就寄朱允升

翠老红楼碧水滨，遥知不是隐居人。
芝兰已暎豪门日，桃李犹开相府春。
君有一经能教子，我无三釜可娱亲。
紫阳博士时相过，应写高吟满卷心。

（十）程敏政咏汉口诗

程敏政与汉口关系密切，汉口有他的挚友程充、程隐，他曾为汉口写下很多篇文章，也曾经多次到访汉口，写下一些脍炙人口的诗句。下述诗句引自《篁墩文集》卷七十：

饮汉口宗家语次偶赋

流水溅溅石路平，几年鸡黍约初成。
古芸绕架香还盛，乔木当年老更荣。
招隐不惊探虎穴，忘机偏解结鸥盟。
斜阳未尽渔樵话，刻竹题诗寄此情。

集古八绝

汉口

二水中分白鹭洲，人家多住竹棚头。
眼前有景道不得，长夏江村事事幽。

赠汉口诸宗人

文武衣冠异昔时，惠连群从总能诗。
东园载酒西园饮，药饵扶吾随所之。

赠逸民、用光

清风明月两闲人，何用浮名绊此身。
闭户著书多岁月，野花啼鸟一般春。

晚步云（沄）溪上

山屐经过满径踪，闲来无事不从容。
白沙翠竹江村路，云碓无人水自舂。

夜宿用光南窗下

门外青山如屋里，嘈嘈虚枕纳溪縠。
恠来诗思清人骨，欲化西园蝶未成。

谒忠壮行祠

松花风暖庙门开，百亩庭中半是苔。
怅望千秋一洒泪，安危须仗出羣材。

拜端明公墓

苑边高冢卧麒麟，曾是贞元花下人。
人世几回伤往事，碑文才见满埃尘。

望岩将公墓

流水溅溅度两陂，旅坟三尺近要离。
鸟啼花发人何在，一剑曾当百万师。

（十一）孙一元十咏汉口

孙一元（公元1484至1520年），字太初，号太白山人，明代陕西人。

孙一元踪迹奇诡，携铁笛鹤瓢遍游名山大川。明正德年间流寓乌程（今浙江湖州），与刘麟、龙霓、陆昆、吴琉结社，作诗唱和，称“苕溪五隐”。有《太白山人漫稿》《孙山人集》传世。

孙一元应邀来到汉口，为汉口的山水所感动，写下脍炙人口的《汉口十咏》，全部汇入钦定《四库全书》集部六、别集类五，《太白山人漫稿》卷六。

孙一元何时、因何来到汉口，尚待考证。

《汉口十咏》之一：旗山（押灰韵）

有美神明地，青山旗势开。连村看世胄，继代有贤才。
赤羽迎云出，翠华拂日来。人家读书处，高下见松梅。

《汉口十咏》之二：鼓石（押庚韵）

平野山根出，形如一鼓横。何人费修琢，真宰自生成。
苔剥青犹好，云深湿不鸣。太平有乐部，还拟献承明。

《汉口十咏》之三：笔峰（押文韵）

山势南来远，笔峰独不群。烟岚晴露颖，草木碧成文。
人物千年秀，道源百世闻。夕阳重回首，高望入寒云。

《汉口十咏》之四：砚岭（押庚韵）

一带岭横起，浑如砚琢成。咸池清露滴，仙掌黑云生。
元气天应结，人文世久明。诛茅山麓下，闭户著陶泓。

《汉口十咏》之五：旸谷（押微韵）

谷口日升处，云开万里辉。遥看峰影出，渐觉露华稀。
地煖禽声乐，泉甘草木肥。端明种松处，百万已成围。

《汉口十咏》之六：云溪（押微韵）

落日溪光净，閒来坐石矶。因看异人迹，犹见紫云飞。
岸圻枫根出，沙寒石发稀。怀贤增感慨，回首意都违。

《汉口十咏》之七：龙山（押阳韵）

蜿蜒山脉好，神物欲飞翔。乱石苍鳞动，千松翠鬣长。
地形接闽越，人物自梁唐。山脚遗祠在，题诗仰末光。

《汉口十咏》之八：凤林（押庚韵）

闻道东林竹，当年有凤鸣。湿云吹不散，凉月乱还明。
疏见晚山色，遥连茅舍清。岂无逸士驾，载酒寄高情。

《汉口十咏》之九：乡约（押元韵）

休阳万山里，民物乂相敦。耕凿犹前古，诗书自一村。
应看风俗厚，尚有典刑存。遗训追先哲，年来德业温。

《汉口十咏》之十：吟社（押尤韵）

续代开吟社，佳时剩一游。思奇山改色，兴到鸟深愁。
大雅声犹在，黄初派尚留。太平风物好，有句颂皇猷。

十四、汉口与仰山寺

（一）东南胜境　千年名刹

仰山位于现今休宁县璜尖乡与源芳乡的交界处，山顶地形开阔，有一块200多亩的高山草甸，甸中长满各种树木、芦苇和花草；草甸四周群山环抱，犹如一朵盛开的莲花。山中一条沟涧如练，自南向北汩汩流淌，四季不涸，清凉凛冽，人称“龙泓”，是汉口的母亲河之一珮琅水的源头。

仰山飞瀑流泉

仰山不仅景观独特、风景秀丽，还因仰山寺闻名于世。仰山寺建在草甸的北面，坐北朝南，明清时期，香火鼎盛，有“莲花佛国”之誉。

从屯溪盆地进入仰山，汊口是必经之道，据道光《休宁县志》记载：“仰山，在县东南七十里，由汊口环珮水东行，过方山、历凹下，至茶园，即仰山脚也。登者如猱升木，壁斗绝，任趾不任踵，直不可径，则绕折蛇行，号十八盘，进憩白牛亭，前渡剪刀门，时时扪石，为固支杖，以防及绝顶，稍东折下数十，百武平衍夷旷。群山环拱若莲花，然故又曰莲花山。”

（二）几经兴废　汊人重建

南朝僧人宝志和尚（418—514 年）① 是仰山寺的开山鼻祖；唐乾符年间，慧寂禅师到此，觅得宝志公殿基遗址，遂称为仰山，取高山仰止之意。因朝代更替，时代兴衰，仰山寺几经兴废，到了元明，香火几绝。但是宝志和尚等的法语仍在民间流传。

明隆庆、嘉靖年间，汊口僧人汪如暄在此复建，仰山寺重现昔日繁华，成了东南名刹。

复建仰山寺，还有一段感人的故事。汪如暄（字守静）的父亲汪天云、母亲程氏由黎阳迁居汊口，住在汊口石坦（地名）。汪如暄小时候就与众不同，长相异样，生性聪明，对父母特别孝顺，饮食上绝不沾荤腥。年轻时父母早亡，他结庐守墓三年，早晚诵经，以邀神力超度亡灵。此后他就以龙山庵（当年程珌公所建）真法道人为师，削发为僧。

明隆庆元年（1567 年），仰山周围吴、毕、程三个聚居姓氏的族人，因对原住持不满，找到如暄和尚，请求他入住仰山

① 宝志和尚为南北朝时金陵高僧，世称宝公、志公，建康（南京）人。宝志和尚留在世上的遗迹宝公塔和三绝碑，在南京中山陵灵谷景区。

寺（有隆庆三年三姓族人的邀请入住合同为证）。

如暄和尚带着徒弟性玉（字见源，俗姓程，昆玗人）和性觉（字本源，俗姓程，汉口人），开始了仰山寺的复建工程。师徒披荆斩棘、开山凿石，与虎狼为伍，每日仅食小米粥一盆，佐以橡栗野果。经过师徒三人的努力，恢复了大雄宝殿、宝公殿、斋堂、禅堂、香厨等建筑，又铺砌了直通汉口的石板路。

随着复建工程的进展，前来随缘布施的人也逐渐增多，香火兴旺。万历十二年（1584 年），如暄和尚告老返回汉口龙山庵，仰山寺完全交由性玉、性觉二位“上座”打理。

经过几十年的复建，到万历中期，仰山寺已经成为远近闻名的佛教圣地，鼎盛时，有僧尼 300 多人。每年夏历七月七日是宝志公和尚的祭祀日，进香的信众来自四面八方，方圆 200 公里，包括徽州六县、九华，浙江的淳安、遂安、开化、金华，最多时可达十万之众。

（三）汉川文人　记录经典

为了记录仰山胜境和仰山寺复建的功绩，汉口人程文举在明万历三十九年（1611 年）编辑刊行了《仰山乘》一书共五卷。

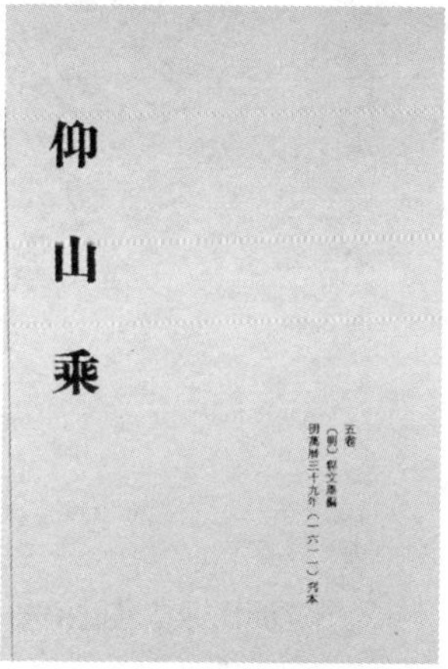

明文书局（1980 年）影印出版的《仰山乘》扉页

《仰山乘》第一卷介绍仰山寺的历史缘起、殿宇建筑、庙产等。第二卷摘录历代高僧大德宝志公、智通法师等的法语语录。第三卷是有关仰山寺的文字记录，包括记、传、碑、铭等，详细记载了宝志公和智通法师的功德以及如暄和尚等复建仰山寺的艰辛过程。第四卷是文人墨客在仰山和仰山寺留下的诗词歌赋。留下墨宝的，除了汉口的文人，还有当时徽州及东南各地的名流。第五卷是附录，记载了仰山寺历次修缮过程及朝廷、政府的批文，包括邀请如暄和尚入住仰山寺的合同文书，万历二十三年五月的礼部批示“建殿示”以及徽州府、休宁县的批示文书。

《仰山乘》插图选（右上图中有“汉口埠”三字）

《仰山乘》一书内容丰富、诗文并茂、插图精美；有宝志公、慧寂禅师和如暄和尚的画像、语录和生平事迹介绍。

《仰山乘》中列出的仰山景点多达数十处，例如：十八盘、剪刀门、普同塔、龙渊、观澜台、登龙石、宝公塔、舍利塔，等等；殿宇有大雄宝殿、宝志公殿、天王殿、伽蓝殿等28间。

古时去仰山拜佛或游览，汉口是必经之地，汉口人对仰山也很景仰。在《仰山乘》中留下墨迹的汉口人就不下十数人。除了该书编者程文举，还有后来考中进士的程再伊、赵时用（二人当时都是举人），布衣诗人程可中等，他们都留下很多诗文，略举几首如下。

登　仰　山

程文举

徒步宁辞倦，攀缘转陟危。云饥千磴险，汉插敷峰奇。
护刹青莲涌，悬灯白日移。谷深藏法界，莫作化城疑。

同玉觉二公月坐

程文举

谷静流清梵，林空韵更幽。光舍心具月，衰歇鬓兼秋。
转语殊难人，机缘可易投。不知深夜后，壁上偈谁留？

登剪刀门

程天帠

鸟道通幽径，巢居最上方。高僧乘语录，胜迹重梁唐。
四姓尊慈教，千山拱法王。禅堂近天际，诤坐日偏长。

坐盘陀石

程可中

济胜夸玄度，还怜振袂从。茶熏依丘石，杖影落危峰。
壁观堪遗劫，天游莫间踪。古梅寒自惜，含萼恋残冬。

赠本源上人

程再伊

趺座对高僧，疑从彼岸登。不因传半偈，那得悟三乘。
灵气侵禅榻，慈光映佛灯。若为观自在，渐觉万波登。

除夕与程民逸仰山守岁

赵时用

懒即残年事，食奇结侣过。谷深云日影，水沍石池波。
问法还初地，谈空度爱河。老僧长对夜，寂静意如何？

登仰山纪胜

程天赠

初地高登般若台，分云万仞石门开。
丹崖翠壑岂蓬莱，中有琳宫造化裁。
双树菩提不用栽，圆音一向绝尘埃。
泉飞百丈若鸣雷，弗断四时风雨吹。
选胜叹奇览八垓，媿非真定养莲胎。
浪夸南岳与天台，适北超南心快哉。
微尘何处见如来？

仰山道中同诸君作

程　寀

山色乱徘徊，霞光扑面来。瀑悬飞作布，石霤贮浮杯。
径杳云常断，村深日暂迴。却嫌探赜伴，屐齿破苍苔。

进入民国以后，由于人们意识形态的变化，也由于路途艰难，没有便捷的交通工具，很多善男信女都难以到达，仰山寺的香火逐渐稀落。1950 年，一场“非常之火”更是将仰山寺送上了不归路。如今，到此探险的人们偶尔还能发现一些残存的遗迹①。

十五、武林双子星——程冲斗和程子颐

（一）武林泰斗——程冲斗

程冲斗（1561—1636 年），字伯嘉、宗猷，号新都耕叟，汉川程氏二十七世，生活在明代中后期的万历、崇祯年间。宗猷是他在少林寺学艺时，师傅赐予的法名，属于少林“宗”字辈。

程冲斗出身儒商之家，自幼习读四书五经，珠算尺牍，父母期望他能继承家业，从事经营，但他自幼喜欢习武，无意商贾之道。青年时代，受祖父差遣进京运货，途经少林寺，因久慕少林寺的名声，当下便入寺拜师。

明清时期，到少林寺习武者，要交一笔押金，押金的利息用于个人在学期间的日常开支；学成之后，从寺后一条夹道内走出，夹道两侧装有机关木偶，稍一触碰，就会遭遇拳脚相加。习武者如果功夫到家，可以应付自如走出夹道，就算出道了，住持长老不仅设宴欢送，习武者还可以取回那笔押金。如果未能顺利通过夹道，就得回炉再造。有的人久学不成，又不能坚持，只好跳墙而逃，当然，那笔押金也就要不回了。

程冲斗到了少林寺，就将家里交给他做生意的三千两银子作为押金，留下习武。先随洪纪、洪转法师学习棍法，并得到僧人宗想、宗岱的指点。此后，又拜广按等高人为师，学习其他技法，尽得少林真传。

程冲斗在少林学艺十余年，最后遵守少林俗家弟子学武之

---

① 余荣锋、汪毅，《休宁源芳大峡谷现“仰山法界”碑》，《黄山晨报》，2009 年 8 月 25 日。

规，独力打散木偶机关出寺，成为少林俗家弟子中的佼佼者，以少林白眉棍法驰名武林，成为少林寺第十五代“宗”字辈传人。

后来，程冲斗又先后向名师李克复和刘光度学习长枪和单刀，向一代倭刀大师刘三峰学习倭刀，十八般武艺，门门娴熟、样样精通。程冲斗天资聪颖、身手敏捷，武术套路融会贯通，出神入化。族人程伯诚喻为：“其击刺时，虽山崩潮激，未足喻其勇也；烈风迅雷，未足喻其捷也；积水层冰，未足喻其严且整也。”

程冲斗不仅学业精到，还有创新，他将少林的长棍和长枪相互融合，形成一套名为“汉口枪”的新套路，至今在中国武术界流传。除了学习和发展传统武术技艺，程冲斗还动手改进兵器，他将古弩改制成更便捷的形式，可以挂在腰间，与刀棍成为绝配，非常实用。

程冲斗以武术传授乡里子弟，并组织子弟兵保卫家乡，一时汉口一带盗贼潜迹，百姓安居乐业。县令侯安国①赞道：“宗猷所携子弟兵，虽不及数十人，然可当数千之用。”

年轻时，程冲斗学习武术纯粹出于个人爱好；学成以后，一心用在保护家族产业和乡邻的平安，并没有把习武和国家的安危联系起来。休宁知县侯安国说过这么一个故事②。

有一天，太学生程子颐拿着一本程冲斗写的《耕余剩技》初稿找到知县侯安国，请他赏阅。侯知县看过首篇棍法之后，感觉十分精彩，又看过刀法等章，均玄妙奇绝，就问程子颐：“书上写得挺好，能演练吗？”程子颐答：“能。”侯知县问：“都有谁能？”程子颐答：“父子兄弟辈皆能。”侯知县问：“可

---

① 侯安国，河南永城太丘人，天启二年至四年任休宁知县。

② （明）侯安国，《武备要略》序，《四库禁毁书丛刊》子部第二八册，北京出版社，1997年。

否前来一试?”程子颐答:“能。”

五日后，程氏父子辈十余人带着器械前来表演，“刀戟犀利，鞭锏皆重数十斤”；独舞、对舞和群舞“飘若飞雪，迴若旋风”，看得侯知县目不暇接、煞是精彩。

看完表演，侯知县谈起如今时局不稳，“南北交讧，将才乏人，劝之应募”，程家众人答道:“家事颇饶（忙），不欲仕也”，等哪一天有空，再来应聘。

两个月后，天津巡抚李公听闻程冲斗的功夫了得，就差人持礼金来请程家人出山，协助教授兵卒，程家众人仍以前言作答。侯知县听了以后，再也按捺不住，就说:“原以为你们都是人中豪杰，今天才知道你们是一群‘食肉糜、饱糟醴’的无用匹夫，若能以身许国，哪有那么多家事?”侯知县的激将法还真管用，程子颐当即站起来发誓说:“父母官的忠义之言，让我们茅塞顿开，我们皆有报国之心，今日就当践行。”

二十天后，程家父老兄弟以及家丁八十余人，束装整齐，北上天津，等候李巡抚的差遣。李巡抚见“人之威猛、器之精致、技之熟巧，欢然有当。当遂授宗猷以佥书①，子颐以守备，诸子弟皆把总等职”。程冲斗等人协助教练军队达七年之久。李巡抚对程家兵的战斗力大加夸奖:“宗猷所携子弟兵虽仅八十人，可当数千之用。”

程冲斗不仅武艺高强，也有很好的文学修养。晚年，程冲斗专心著作，将他一辈子所学所创的武功技艺，写成四部专著:《少林棍法阐宗》《单刀法选》《长枪法选》《蹶张心法》。天启元年（1621 年）汇集成《耕余剩技》一书刊行，一直流传。民国年间影印出版时，更名为《国术四书》，是享誉武林的一本名著。崇祯二年（1629 年），程冲斗又撰《射史》八卷。

《少林棍法阐宗》扉页上的署名为“新都程冲斗宗猷著”。

① 佥书、守备和把总等都是明代下级基层军事官员的称呼。

新都郡是徽州的古地名［汉献帝十三年（208 年）置］。国内有的出版物据此妄称程冲斗是“四川新都人，寄籍徽州休宁，遂为休宁人[①]”，实为牵强附会、望文生义之语。程冲斗世居汉口，是汉川程氏第二十七世祖，参加本书校订、审核的都是程冲斗在汉口的宗人和亲戚，族叔继康和族侄子颐为其作序。参与《少林棍法阐宗》校对和作序的“姪涵初子颐”在《新安汉口程氏支系谱》中就有记载。

《少林棍法阐宗》所载“纪略”，实际上是程冲斗本人所作之序，叙述了他在少林寺练习功夫的经过及后来编写该书的过程，从中可以看出，程冲斗的文字和他的棍棒一样，都有很深功力。

程冲斗为人谦和，他的一生为中国武术事业的继承和发展做出了很大贡献，但是他在《耕余剩技》的序中却很淡然地说：“余草莽之臣，耕余所得者也，因目为《耕余剩技》。”

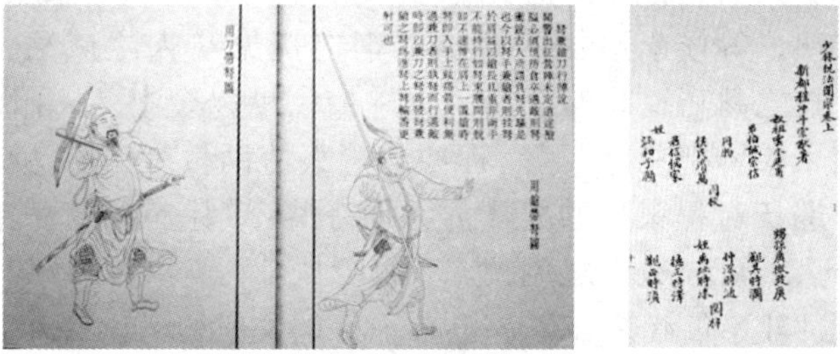

《耕余剩技》插图和《少林棍法阐宗》扉页

（二）文武双全——程子颐

在《新安汉口程氏支系谱》中，程子颐名下是这样叙述的：“子颐，字涵初，堂名养正，国子监生。天启壬戌年

---

① 《少林棍法阐宗》前言，《古拳谱全书（第六辑）》，山西科学技术出版社，2006 年。

（1622 年）辟义勇。癸亥（1623 年）钦授天津卫部院守备，丁卯（1627 年）调通州周家桥大把总，未赴。崇祯己巳年（1629 年）升南京陆兵营都司佥书，庚午年（1630 年）进授都司指挥佥事，壬申年（1632 年）升安庆府大营海防游击所署。著有《武备全书阵图》（刊行刻版名《武备要略》）行世。万历癸酉年（1573 年）十一月念一日未时生，崇祯庚辰年（1640 年）五月十七日丑时殁，寿六十八岁。”

天启二年（1622 年），日本军阀丰臣秀吉发动侵略朝鲜的战争，明朝廷在全国范围内“辟义勇”（招募义勇军），程子颐毅然从军。这时，程子颐已经五十岁，因此没有被派到前线，而是在后方担任中下级军事官员。

程子颐年轻时在国子监学习，也是武术行家，特别擅长鞭功（这里说的“鞭”实际是“锏”）。有人形容程子颐的鞭功“舞动如游龙，盘旋如狡兔，阴风生四壁，猎猎有声，观者辟易，燕赵武人咸称公为铁鞭将军”①。

程子颐的鞭（锏）功

晚年，程子颐专心编撰《武备要略》（十四卷）。内容主

① （明）钱象玄，《鞭序》，《四库禁毁书丛刊》子部第二八册《武备要略》卷八，北京出版社，1997 年。

要有论十三篇以及火攻总论图说、车步骑阵图说、步阵图说、天时风雨总说、各种兵器图说、水阵图说、步骑射法图说、九边备倭图考等。《武备要略》全面论述了步军、水军的武器、装备、管理及战阵、战法，是中国历史上少有的如此全面的军事著作。更为宝贵的是，该书还首次论述了当时世界上最先进的武器“西洋炮车”，这在中国古代较少见到，说明程子颐开阔的眼界和敏锐的洞察力。

《武备要略》在崇祯五年（1632 年）首刻。因该书“辽东篇语多违碍”，在乾隆四十六年（1781 年）筛选《四库全书》时被禁毁，但在民间得以保存。

程子颐属汉川程氏二十八世，是程冲斗的堂侄，他们虽为叔侄，但都生活在明朝中后期。程子颐和程冲斗年轻时各自奋斗，但到中年以后，殊途同归，在一起互相切磋，互相砥砺；他们都身怀绝技，武功超群，又都胸怀大志，著书立说，流传后世。他们是当时升起在中国天空上的两颗武林之星。

十六、短命进士程鋐

《新安汉口程氏支系谱》第 27 页“子鋐”：子鋐，又名鋐，字坚鸣，号汉南、府增、广生，万历戊戌年（1598 年）二甲十二名进士。授工部观政钦差，督粮保定府。嘉靖丙寅年（1561 年）生，万历戊戌年（1598 年）卒，年三十三岁（应是三十八岁）。

从《新安汉口程氏支系谱》对“子鋐”进行追溯：

子鋐←天荫←益罗←魁英←盛林←泽←汝←安←和←焕←冬←俊←若伦←祥←端←权←时习←松←濩←承聪←豫←芜←淮←旺←承武←燿←仲繁←沄。

程鋐是汉口程氏二十八世，属于松公一支。程鋐在中举进士的同一年去世，人生抱负，尚未展开，也是一生憾事。

程鋐死后，他的妻子范氏自缢尽节，官府上报朝廷，“诏命立坊旌表”。[①] 程鋐有二子于阶、于陛，分别迁居盱眙县和泗州县。

十七、程再伊抗击“红夷”

程再伊，字连叔，汊口人，迁居鄱阳，万历二十六年（1598 年）进士，授浙江萧山令。萧山境内有北海塘良田万顷，常为潮水所淹，程再伊到任以后，组织民力，依据地势，修筑堤坝，引水灌溉，恢复良田万顷。

其后出补漳南道副使。当时荷兰侵略者正加强对我国沿海的入侵，企图占领澎湖。天启三年（1623 年）正月，荷兰兵船 5 艘突犯我军事要塞六鳌，程再伊与副总兵张嘉策、把总刘英一起，击沉敌船一艘、俘获敌兵数十人，迫使“红夷”不敢再染指澎湖。

天启四年（1624 年）正月十七日，御史崔奇观弹劾漳南道副使程再伊听任副将张嘉策接受“红夷”荷兰银三万两，许其在澎湖互市。不久，程再伊告老还乡。

程再伊自幼生长在汊口，《仰山乘》一书中称他为“里人”，当时还是举人，可能在中了进士以后迁居鄱阳。

十八、“地会星神算子太常寺”赵时用

赵时用，字德友，号霖宇，元代名儒赵汸（东山）八世孙。汊口人，后居寓瓜州（今镇江）。明万历四十一年（1613 年）进士，万历四十一年至四十三年（1613—1615 年）任福建南安知县，后调闽县（今福州市附近）。在福建任职时，刚

① 程中行，《程氏人物志》，卷之八节妇，延庆堂藏版，中华民国三十六年。

柔并济，卓有成效，泉州石佛岩有“南邑赵父母德政去思碑”，记载了赵时用在南安任职时的功绩。

后来转调任户部，筹措军需，保障供应；旋调吏部，奉命到藩属国册封，属国赠送给他个人的礼物，他一概不接受。不久，就升到枢密院任太常寺少卿，当时魏忠贤窃权得势，皇帝疏远阁臣，阉党和东林党之间的斗争你死我活。在阉党的黑名单上，东林党人赵时用被诬称为“地会星神算子太常寺”。

到了天启末年，都御史高中宪揭发魏忠贤死党崔呈秀的贪赃行为。崔呈秀与赵时用同为万历四十一年进士，就向赵时用求助，请求赵出面证明高是诬告。赵不为所动，结果崔被削职，东林党人在与阉党的斗争中，取得决定性胜利。天启七年（1627 年），魏忠贤和崔呈秀都自杀而死。

赵时用在总结与阉党斗争时说了八个字：“君臣大义，死生定数”。魏忠贤阉党被铲除以后，赵时用升任鸿胪寺卿，直至告老请归。

赵在文学上很有造诣，辑有《经略问》《奇轮飞阵法》《巷语》等。

与程再伊一样，赵时用自幼生长在汉口，《仰山乘》一书中称他为“里人”，当时还是举人，可能在中了进士以后迁居瓜州（今镇江）。

十九、程邑和哭庙案

程邑，字幼洪，号翼苍，汉口人，上元籍，清顺治九年（1652 年）进士，选内翰林庶吉士，后改任苏州府教授。

程邑在苏州府任职期间，正赶上清代初年一件大案——“哭庙案”。

“哭庙案”事起于苏州吴县新任县令任维初横征暴敛、中饱私囊，吴中百姓不堪其苦。以金圣叹①为首的几个秀才，因同情农民的遭遇，写了“揭帖”，纠集数百人到哭灵场所（为悼念顺治皇帝去世所设的灵堂）控告县官，矛头指向包庇部下的巡抚朱国治。

刚坐江山不久的清朝统治者不能容忍这种行为，原本是反贪污的请愿行动，却被清廷指为趁国丧（顺治皇帝驾崩）闹事，当场就抓了十多人。

朝廷要求苏州府教授程邑上报参与闹事的“数千”秀才名单，程邑原本也是同情秀才们“哭庙”的，感到万般无奈。正在此时，钱中谐②得知此事，连夜赶到程家去劝阻。他对程邑说：“今虽开列无辜数十，总不满数千，无益。徒害人耳!”程邑顿时醒悟，把写好的名单烧掉，只上报了已被捕的金圣叹等十余人。

四月二十七日，参与哭庙的金圣叹等十八名秀才被处斩。如果当初程邑交出那份数百人的名单，不知还有多少人遭难。

《汉口程氏历世典籍纪略》有程邑（程翼苍）为汉川名医程履新的著作《铎言广注》作序的记载。

二十、杂家程作舟

程作舟，汉口人，江西鄱阳籍，康熙十一年（1672 年）举人，生卒年月及生平事迹不详。

程作舟留给后世最有影响的著作应是《东湖赋》。东湖位于鄱阳县城东部，古时与鄱阳湖相通，以景色优美、古迹繁多

---

① 金圣叹（1608—1661 年），名人瑞，字若采，明末清初人，著名的文学家、文学批评家，对《水浒传》《西厢记》《左传》等书都有评点。

② 钱中谐，字宫声，号庸亭，吴县（寄籍昌平）人。顺治十五年（1658 年）进士，官泸溪知县。康熙己未授翰林院编修。

闻名。

程作舟还写过一首诗《延宾坊》，赞美三国时期陶侃①的母亲谌氏靠织布为生培养儿子成才的故事。诗云：

士行真男子，谌氏非妇人。妇人爱青鬓，金珠不为珍。
仓卒为宾剪，令名从此成。岂曰能结客，一发引千钧。
截江用竹茔，其智本慈亲。寄言坊下女，切莫笑清贫。

在《汉川程氏历世典籍纪略》中，列出程作舟的遗作有：《删后诗》《尚书外传》《焚后书》《皇极数》《闲书十六种》《明诗话》和《心经》。

目前能够见到的只有《闲书六种（卷）》，其要目为：卷一：读书谱、山林清福、新编琴操；卷二：无情痴、反几希、忙人闲事；卷三：兰木纪、菊缙绅、姑妄言、草史；卷四：谁园客谈、茶社便览、君须记；卷五：程子说苑；卷六：记事珠。从以上栏目可以看出，程作舟涉猎广博、知识庞杂，称得上是一个杂家。

程作舟在《闲书》中还记载了一个发生在休宁的故事：某日，一道人将干鱼往新安江里放生，旁观者很是疑惑。道人哈哈一笑，曰："吾将干鱼放生，亦能免其下油锅之苦也！"这也许是一个虚构的故事，但是反映了古人对生灵的爱护和珍惜。联想以前在徽州有很多河流、湖泊的鱼类产卵区都勒石刻碑，大书"禁渔"二字，还张贴告示，禁止毒鱼。徽州良好的生态环境，与这些措施分不开。然而今天，化肥农药无节制地使用，已经造成水生生态系统的灭顶之灾，还有人利用炸药、电瓶、毒药，将鱼鳖斩尽杀绝，实在不应该。

程作舟与汉口程氏的具体关系不清，有可能是程再伊的后

---

① 陶侃（259—334年），字士行。鄱阳郡枭阳县（今江西都昌）人，东晋名将。陶侃是陶渊明的曾祖。

裔。程再伊在明万历二十六年（1598 年）中进士，其后迁居鄱阳。

二十一、汉口忙人孙万青

孙万青，汉口上村人，清同治七年（1868 年）出生在一个农民家庭。由于家境困难，孙万青只在幼年时上过三年私塾。但是，这三年私塾为他的一生奠定了基础，在其后的岁月里，他不仅遍读了祖辈留下的古书，还到邻居家借来他喜爱的书籍，广泛阅读。

有两类书是孙万青最喜欢看的，一类是医书，如《内经》《本草纲目》等；一类是易书，如《甲子》《四言杂谈》等。孙万青不仅喜爱读书，对生产技术、农业知识也十分感兴趣。

孙万青

汉口有两条河流环绕，碾米、磨面一般都用水碓，五六座水碓日夜运作，可以保证全村居民的食粮供应。如果遇上大旱之年，河流几近断流，就会出现粮食短缺。脑筋灵活的孙万青在上村“老柏笃”（地名）开了一个兽力磨坊，利用牛拉磨解决了乡邻们的应急用粮问题，这在汉口的历史上很少见。

孙万青还利用自学的医学知识，在汉口上村开设一个中医诊所，为本村和邻村的村民治病。孙万青开药方是不收钱的，有时，对穷苦的人还送上药剂。除了开药方，他还自己制作一些成药。为了验证成药的功效，他先在自己或家人身上试用，得到验证之后再行推广。孙万青在小儿科和皮肤外科方面的医术很有造诣，往往能药到病除，在十里八乡都很有名气。由于孙万青的小名叫“灵仂”，又加上他的药方灵验，人们都尊称他“灵公”。灵公开药方不收钱，许多病人就以鸡蛋和土特产表示酬谢。

除了开设磨坊和诊所，孙万青还通晓阴阳八卦、风水堪舆。村里人遇上婚丧嫁娶、建房上梁，都要请灵公排八字、选日子、看风水。谁家丢了东西，也要请他掐着手指头“掌诀”一下东西丢失的方向，以便顺势找回。他还会根据新生儿的五行（金木水火土）的缺失为其起名，扬长避短，以利孩子的健康成长。

在缺医少药、信息匮乏的年代，孙万青就像一架万能服务器，为村里的人们提供全方位的服务，这种服务通常都是义务的。孙万青这种服务意识来源于他对社会的认知，他说：“人活在世界上都是相互依赖的，尽自己的能力去帮助需要帮助的人，是老祖宗留下的规矩。”灵公的一生都在践行老祖宗留下的这个规矩，他也因此成为全村有名的忙人。

民国三十七年（1948 年），八十岁的灵公因病去世。在他弥留之际，本村及邻村的许多人前来探望，他们中有的曾经是孙万青的病人，有的纯粹是慕名而来；去世以后，有一百多人前来吊唁，人们对他的离世深深惋惜。

孙万青育有三个儿子，两个务农、一个经商，都已过世；有孙子五人，孙女三人，全都生活、工作在徽州。

二十二、民主革命志士程家柽

程家柽，字韵荪，又字下斋，汉口下村长巷谷贻堂人氏，生于清同治十三年（1874 年）。程家柽祖辈是书香门第，仕宦之家；家有田产和山场，还经营商店。程家柽的祖父程丽芬在湖北任道台（正四品），主管盐务，与晚清重臣李鸿章、丁日昌、沈葆桢、张之洞等过从甚密。程丽芬儒学功底深厚，且精通医术；因医术高明，曾被推荐参与慈禧的医疗团队。程家柽的父亲程乘翰是前清举人，在老家打理家族产业。

程家柽自幼受到传统的儒学教育，少年时师从徽州著名学者胡卓峰，并在二十一岁（1895 年）时进入徽州府学就读，休宁中国状元博物馆收藏有程家柽的就学资料。青年时期的程家柽就立志以天下为己任，成就一番事业；同时，受到世纪之交各种思潮，特别是"新学"和"西学"的影响，程家柽认识到清廷的腐败和国家的危机，在年轻的心灵中播下了革命的火种。

1890 年，张之洞在湖北开办两湖书院，程家柽不失时机地加入其中，很可能与其祖父程丽芬在湖北任官职有关。两湖书院是张之洞任湖广总督时设立的新式学堂，设有中西各色课程，延请名师执教。程家柽来到两湖书院，眼界大开，就像走进一个新天地。他对民族问题时常发表一些过激言论，引起书院师生的关注。

程家柽故居

（汉口谷贻堂）

1899 年两湖书院遴选优秀学生去日本官费留学，程家柽被选中派往东京帝国大学学习农科。

当时在日本的中国留学人员不过 200 人，很少人知道"革命"一事。当程家柽听说孙中山住在横滨时，就前往拜访，初次接触了孙中山的革命学说，与孙中山的"民族、民权、民生"和"五权分立"的主张一拍即合，他赞同孙中山的革命主张，积极从事革命活动，并加入了孙中山领导的兴中会。有了程家柽这个革命战友和得力助手后，孙中山得以认识更多的有志青年，其中有日后成为国民党大佬的钮永建、吴稚晖，就连“孙（文）黄（兴）合作”，也是由程家柽一手促成的。

次年，他和戢翼翚、秦力山等人，先后成立励志社、恳亲会、青年会等组织，创办《译书汇编》《国民报》等刊物，在留日学生中进行革命宣传和联络。

光绪二十八年（1902 年），在章太炎的倡导下，程家柽以纪念明朝灭亡为名，提出“勿忘郑成功”的号召，公开反对清廷统治；并在“拒俄”“拒法”反帝爱国运动中，登坛演说，愤慨陈辞，听众无不动容。

光绪二十九年程家柽回国，先后到南京、合肥、武汉等地进行革命串联，策动武装起义。清廷发觉后，始以高官厚禄收买，继以“逆竖倡乱”的罪名，饬令两湖书院开除其学籍，取消他的官费留学资格，并悬赏通缉。在清廷高压之下，他再次东渡日本，继续协助孙中山工作。

光绪三十一年（1905 年），程家柽与宋教仁、田桐等在东京创办《二十世纪之支那》杂志，任编辑长，积极传播革命思想。同年 8 月 20 日，他参与约集各省革命志士 70 余人，在东京日本友人内田良平家聚会，正式成立中国同盟会。他与黄兴、马君武等 6 人被公推起草会章，大会推孙中山为总理，程家柽与宋教仁主外务部。同时，《二十世纪之支那》杂志更名为《民报》，作为同盟会的机关报。

光绪三十二年，程家柽接受聘请，先后担任京师大学堂农科教授、邮传部主事等职，他借机结识清朝权贵善耆[①]等人，以作掩护，与清廷周旋。后来，程家柽曾借用这些关系，营救过胡瑛、张难先等革命党人。在此期间，他为《民报》筹集资金到处奔波。

---

① 爱新觉罗·善耆（1866—1922 年），字艾堂，满洲镶白旗人，末代（第十代）肃亲王，晚清贵族重臣，中国现代警察制度的建造者之一。

光绪三十三年，袁世凯出任军机大臣兼外务部尚书，迭下手谕缉捕程家柽，他闻讯避往日本。袁世凯仍不肯放过，暗遣杀手刘麟尾追至日本图谋行刺，由于黄兴、宋教仁对刘麟晓明大义，才免罹难。在日本期间，他曾冒着生命危险营救被日警追捕的同盟会员张继，助其逃往法国。

宣统元年（1909 年），袁世凯失势；程家柽应陆军部之聘，回国任陆军教材编辑，再次以合法身份从事革命活动。

1911 年 10 月 10 日，武昌起义爆发，各地纷纷响应，程家柽综合分析各方形势，计划攻打北京。程家柽联系上驻防保定的同盟会会员吴禄贞①，吴禄贞又去策动陆军第二十镇张绍曾②以及山西娘子关的守卫部队参与起义，计划在 11 月 15 日由吴禄贞等人率部攻打东直门、西直门，而程家柽带人在城内响应，一举占领北京，完成“中央革命”。

这是一个宏伟的计划，但人算不如天算，吴禄贞在 11 月 7 日被袁世凯派人刺杀身亡，起义遂成泡影。事后程家柽抱头痛哭，他的精心谋划毁于一旦。

1912 年 2 月 12 日，裕隆太后宣布清帝退位，程家柽认为大局已定，遂功成身退，回到阔别已久的老家汉口，准备过太平日子。也可能就在这一年，他的日本籍太太，带着儿子中华也回到汉口，中华还曾到程氏宗祠认祖归宗。

程家柽回到汉口不过一年，他的亲密战友宋教仁于 1913 年 3 月在上海车站被袁世凯谋刺，程家柽被激怒了，他决心要除去窃取革命果实的袁世凯。

---

① 吴禄贞（1880—1911 年），字绶卿，汉族，湖北省云梦县人，中国同盟会会员。

② 张绍曾（1879—1928 年），字敬舆，直隶大城县人。早年留学日本，曾任“中华民国”国务总理，1928 年遇刺身亡。

他在其主办的《国风日报》上发表《袁世凯黄粱梦》一文，檄讨袁的阴谋和卖国行径。二次革命[①]失败后，孙中山与黄兴等流亡日本，他却不顾个人安危，潜回北京与熊世贞等组织血团共谋反袁活动，甚至买通了袁府的厨师，准备投毒。不幸事泄被捕下狱，他虽身遭酷刑，仍坚贞不屈，在法庭上历数袁的种种罪行，袁世凯得知后，咬牙切齿地说："程某乎，无论有罪无罪，均须杀之！"面对程家柽的正气凛然，法官理屈词穷，只好匆匆宣判死刑。

民国三年（1914 年）9 月 23 日，程家柽就义于北京，年仅四十岁，夫人董氏、子宏璟随寓在都，挚友于孔章置棺收殓，其弟家栋从南方来京，挈其眷属南归。程家柽的棺柩于民国六年运回休宁安葬。

程家柽遗像

程家柽墓

民国十七年（1928 年）北伐完成，当局诸公缅怀先烈，业由民国政府旌恤。时宏璟（光华）十八岁，肄业苏州中学，

---

① 二次革命（又称癸丑之役或赣宁之役），1913 年，南方各地爆发武装革命，意图推翻北洋政府，以失败告终。

宛尔有乃父风骨。

国民党元老张继说：“中山提倡革命者也，克强（黄兴）实行革命者也，韵荪（程家柽）组织革命者也”。民国二十四年7月17日，国民政府明令褒扬。

程家柽一生娶了三位妻子，原配仇氏，休宁县五城人，未生育；二夫人董氏，北京人，生育一子，取名光华（宏璟）；两位夫人均病故在汉口。三夫人是日本人，生育一子，取名中华，程家柽遇难后，母子回日本。

程家柽的儿子程光华由国民政府送往日本留学（会计专业），学成回国在徐州贾汪煤矿供职。1949年后被削职回乡务农，开始尚能苟且偷生，“文革”中被诬为日本特务，受尽迫害，在汉口珮琅水老石桥附近投水自尽。

二十三、热心乡里程一帆

程一帆，乳名八斤，字振傑，号一帆，汉川程氏六十二世祖，友恭堂人氏。出生时体重八斤，晚辈都尊称他八斤爷或八斤公。

清光绪二十六年（1900年），程一帆出生，幼时在家读了几年私塾，十六岁到上海“源升钱庄”做学徒。公元1922年至1925年间，家族经商失利，欠下巨额债务，再加上连年丧母、丧父、丧兄，家庭重担全压在年轻的一帆公身上。抗日战争胜利后若干年，他才偿清祖辈所欠债务。

长兄程振英（名余宝，号翰芬）少年时在湖州学徒，婚后留在汉口协助父辈打理茶叶生意。二十世纪初叶，欧洲爆发第一次世界大战，茶叶断了销路，导致生意破产，再加上友恭堂主屋瞻云堂被大火焚毁以及社会的变迁，断了一帆公以后回乡定居的念想，在上海漂泊了一辈子。

程一帆一生好学进取，勤奋做事，从一个普通的学徒，做到一家私人银行（上海民孚商业储蓄银行）的襄理（经理助手）、副经理。1949 年后，入上海房地产管理部门任职，1960 年退休。

程一帆年少时只读过几年私塾，却有很好的文学修养。他写的《齐云山游记》和《北京游记》，脍炙人口，在家族中广为流传。他的毛笔字，无论大字、小楷都很有功底。

程一帆年轻时身体虚弱，十七岁开始练习武术，一生没有中断。平时很少乘坐汽车，八十多岁时，日行几十里，也不觉累。他精通太极（太极拳、太极剑），不但自己习武终生，还热心传授他人。

程一帆年轻时加入上海中华武术会，不仅在其中锻炼体魄，强健身心，还积极参与会务活动，几十年不辍。成立于 1919 年的中华武术会和精武体育会（霍元甲创办）都是上海早期的华人体育组织。抗战期间，被迫停办。抗战胜利后，程一帆积极参与中华武术会的复建，被推选为复建委员会委员。中华人民共和国成立后，他当选为第六届主任委员（会长），全面负责武术会的运营管理，为武术界培养了很多英才。在他主持会务的几十年中，武术会的地产几度被侵占，他为武术会的生存进行了不懈的努力，终于赢得生存的权利。直到 1986 年武术会换届，他才以八十七岁高龄离开领导岗位，是武术会诞生以来，六届会长中任职最长的一位①。可以说，武术是他一生最挚爱的事业，上海中华武术会也是他温暖的家。

---

① 上海中华武术会简史（2011 年 7 月 5 日，2014 年 1 月 11 日修改），中国武术在线，新浪网。

上海中华武术会同仁（中排左四为会长程一帆）

人在异乡，他心里一直牵挂着汉口这片热土，热心家乡的公益事业。民国十八年（1929年），在村北珮琅河上修建麒麟石桥的大部分资金，是程一帆从上海募捐来的[①]；有一年，洪水冲毁了朱家庄上游的石塝，还有一年，洪水冲毁了麒麟桥的一个桥洞，他自己出资，请来休宁著名的石匠师傅（汪）德好师（曾住在友恭堂，现在屯溪老街的石板路，就是德好师在20世纪50年代初重修的），修复了石塝和石桥，还在汉口第一次用上锅驼机水泵（一种烧木炭的蒸汽机带动的水泵）抽水，乡亲们都感到很新奇。事后，他还将账目公布于众。位于汉口村中心的民泰桥由友恭堂各房轮流管理，每逢轮到他家时，都要提前备好全新的桥面和桥脚（柱），到时全部更新，大人小孩走在上面，安全放心。

程一帆热心对待乡邻，虽然自家不算富裕，但有人求助时，总是有求必应，借个两升三升米、三元五元钱，从不追讨。他还利用在上海的关系，介绍多位家乡的年轻人出去就业。

---

① 江有声，《汉口的名胜古迹》，《汉口纪事》，第30页。

程一帆的愿望是在他手上复建被焚毁的友恭堂主厅瞻云堂，由于经济实力不济和历史的变迁，这个愿望一直没有实现，成为他一生的憾事。当然，他的思想里也有赶不上时代潮流的一面。

20 世纪 40 年代，汉口来了一队宪兵，借口修炮楼，搬走了友恭堂前岸边用作石凳的长石条。没有了石条，老人小孩走路十分不安全。正在家乡探亲的程一帆，只身前去交涉。那些宪兵蛮不讲理，说着说着就动起拳脚，他凭着多年的武术功底，也不相让。毕竟寡不敌众，他还因此受了内伤，在家躺了好几天。他这种不畏强权，敢于担当的精神，受到乡邻们的赞扬和钦佩。

程一帆练功照（1930 年代）

程一帆甘冒风险，保存一份《汉川程氏世系谱》。这本谱册记载了汉口程氏从一世祖程沄至清代咸丰年间历时一千余年的延续情况，还有一幅十分珍贵的明代“汉川图形”和《汉川程氏历世典籍纪略》，为汉口村保存了一份极其珍贵的历史文献。

程一帆继承了友恭堂始祖嵩年公以来的家规，对后人严格要求，子侄以至孙辈，不分男女，都要上学读书，除了学习学校所教知识，回家还要温习祖训，要背诵《朱伯庐治家格言》。对待后代，赏罚分明。家用开销，哪怕是买一块豆腐，都要记账。

程一帆在上海住了一辈子，不沾烟酒，不近女色，洁身自好；对家人也同样要求。但对来客，他会根据来人的喜好，以烟酒相待。与客人交谈时，他总是静心倾听，让客人畅所欲言。

1991 年 3 月，他的外孙女朱济平将他从上海接回家乡，老人对乡亲们近年生活的改善感到欣慰，也为汉口许多古迹遭破坏而遗憾，回到家乡一周以后，身心衰竭，无疾而终，世纪老人，叶落归根。

程一帆的一生，经历三个朝代，亲历中国从衰败、动乱走上统一的历程；他的一生为后人留下了丰厚的精神遗产：正直、勤奋、热心、诚信。

程一帆娶妻阳湖桂氏德琴，育有二女，长女励俗，次女励清。长兄早逝，留下两个儿子吉祥和意祥，他待如亲子。

二十四、奠基屯溪街——程华珍

程华庆，字华珍，汉口上村崇基堂人氏，汉川程氏六十一世，生于清光绪三十二年（1906 年），卒于 1993 年，享年八十八岁。

程华珍出身于士读之家，从小受到良好教育。中学就读于“安徽公学”，是陶行知的学生。1927 年，北伐军攻占南京，英国舰队以保护侨民为名，炮轰南京城，军民死伤二千余人。

陶行知组织学生救护队，程华珍担任救护队的分队长，抢救了不少伤员。

他后来进入浙江大学土木工程系，学习道路桥梁专业，是汉口早期的大学生之一，刻苦学习，全面发展，品学兼优。

毕业后，他曾随我国著名桥梁工程师茅以升修建杭州钱塘江大桥。在抗日战争初期，为了抗击日军，又不得不亲手将刚建成的大桥炸毁，成了程华珍一生最沉痛的记忆。

被炸毁的钱江大桥（1937 年）

后来到了芜湖公务局，担任屯芜（屯溪到芜湖）公路建设的总工程师，在工程进行中，他翻山越岭，亲临第一线，受到技术人员和工人的爱戴。屯芜公路是继屯杭公路（屯溪到杭州）以后建设的第二条走出徽州腹地的公路。

抗战初期，南京、芜湖相继沦陷，芜湖公务局迁到屯溪，称“皖南公务局”。随着一批政府机关和一些达官贵人的到来，小小的屯溪显得拥挤不堪。程华珍向当局建议，开辟三条横街，并亲自负责规划、拆建。这三条横街就是现在的一、二、三马路，屯溪市中心区的格局就是在那时候确定的。程华珍为屯溪乃至以后黄山市区的发展奠定了基础。

由于国民政府的一些党政要人疏散到了屯溪，这个当年人称“小上海”的地方就成了日本军队的军事目标，几乎每天都有飞机在天空盘旋、扫射和轰炸，日军向屯溪步步进逼。为了能够及时疏散密集的人口和实施战略撤退，需要打通屯溪经祁门到江西的公路，程华珍又承担了筑路的任务，日夜奋战在第一线。这条路被称为“抗战公路”，公路开通后，国民党元老于右任先生宴请程华珍及有关人员，亲自为大家敬酒，还赠送一套精致茶具。

1949年，屯溪解放。当时的地方政府（皖南行署）将皖中、建国、现代三所中学合并成一所完全中学（屯溪中学）。程华珍被指派负责学校的选址、规划和建筑等事项，并讲授高中全部物理和部分初中物理课程。

1949年初期，实行供给制，程华珍没有工资，微薄的津贴难以维持六口之家，在屯溪的生活十分拮据。程华珍决定举家迁回汉口老家，住进崇基堂老屋（边厅）。

1951年，程华珍被调任合肥，从事市政建设，后来又被聘任到上海建筑工程学院任教，直至1972年退休。

程华珍（20世纪70年代，汉口）

程华珍（20 世纪 80 年代，合肥）

程华珍知识渊博，他学的是工程学科，但对天文、地理、历史、文学无不通晓；还喜爱体育活动，踢得一脚好足球；还能写出漂亮的蝇头小楷。

程华珍对待子女既严格要求，又关怀备至。每逢星期天或寒暑假，都为孩子们安排好学习、休息、娱乐的时间表，善于启发、诱导式教育。在外出游玩时，他还结合当地的历史地理条件，讲解一些自然科学知识和历史故事，有时还会提出一些问题，要孩子们回答。夏夜乘凉时，他也会讲一些古今中外的伟人和名人故事，增长子女的知识，陶冶情操。程华珍是一个既慈祥、又严格的父亲。

程华珍生活节俭，从不乱花钱。他不抽烟、不玩牌，能喝酒但不嗜酒，从无不良习惯；待人谦虚、诚信。

程华珍育有四子二女，在不同岗位上为社会做出贡献。

二十五、当代布衣文人刘双根

刘双根，汉口上村人，民国二十二年（1933 年）出生。父亲原名程智足，因家境贫困入赘到刘家；母亲陈桃嫁到刘家后，年轻守寡。程智足和陈桃婚后生下一子，取名刘双根，意即刘、程两家的血脉；上学及工作后，曾用名仁权、仁传、仁根。

刘双根

刘双根六岁时开始识字，母亲陈桃将儿子识字时用过的字帖精心保管了几十年。九岁时到洋学堂汉口小学就读一年级，学名仁传。到十四岁，小学还没有毕业就辍学了，原因是家里的农活需要人手。小小年纪的他跟父亲学习种田，从放牛、打猪草到锯木板、烧木炭，什么农活都要做，有时还要担上一担劈柴到屯溪、阳湖叫卖，来回要走四五十里路程，这对一个十几岁的孩子来说确实是一个沉重负担。

刘双根自幼喜欢读书写字，从汉口小学辍学以后，利用空余时间到离家几里地外的长潭村的“蒙童馆”（私塾）学习国学。

刘双根接受教育时间不长，但是这些基础教育，就像一个火种，点燃了深藏在他内心的求知欲望，为他以后几十年的笔耕打下了基础。

1951 年，十八岁的刘双根参军，经过入伍培训，先后参加了土改复查、征兵、宣传等工作，1952 年复员回到汉口。

短短一年的军旅生涯，他接触了许多新鲜事，结识了许多新朋友，锻炼了意志和性格，开阔了眼界，也初步树立起为公众事业服务的意识。

复员以后，刘双根积极参与农业合作化运动，长期担任农业生产合作社和人民公社的会计、统计等工作，账目清楚，颇受好评。1990 年，已经 57 岁的刘双根，通过全县统一考试获得助理会计师职称；在担任汉口公社企业专职会计期间，曾连续多年荣获统计一等奖。

刘双根在村里是有名的“热心人”，村里的大情小事他都愿意过问，关系到众人利益的事情他都愿意出头。

1997 年初，刘双根在邮政有奖储蓄活动中，幸运得到一笔奖金，当时正赶上迎接香港回归，他就用这笔奖金的一部分，购买两吨半水泥，铺砌了友恭堂门前和上村头的大路，以实际行动庆祝香港回归。

修复后的观音堂庙亭

1999 年澳门回归，刘双根又出资 1500 元修复龙头岩的观音堂庙亭，他不仅出钱，还亲自上阵。年近七十的刘双根，在酷暑里连续出工 46 天。他的举动感动了很多村民，乡亲们纷纷前来帮忙，获得义工 130 多个，两个月后终于完工。观音堂庙亭是 1949 年以后被毁的众多庙宇、祠堂中唯一一座被恢复的景观建筑，也是汉口村如今唯一的人工景观。与原来的观音堂相比，现在的建筑显得有些“小气”，但它是刘双根凭借一己之力建成的，不能不说是对汉口村的一项功绩。

刘双根不仅严格要求子女，对村里的年轻人也很关心。他积极鼓励乡亲们让子女上学，凡有考上大学的，他都会上门祝贺，有时还会送上一个红包。他也关心汉口村的教育事业，经常参加汉口中、小学各种活动，传播爱国、爱乡的思想。2008年，刘双根编写了《汉口教育简史》，记载了汉口教育的发展历程。

20世纪90年代，为了理清汉口姓氏的宗族关系，刘双根花了半年时间，挨家挨户，上门走访，与程声达一起编出了《汉口程氏近代各支派世谱表》，记载了清末民初汉川程氏宗族结构的变迁。

刘双根的人缘好，尊老爱幼，平时经常向家境不好的乡亲捐款捐物，问寒问暖，还帮助残疾人申请困难补助，为含冤村民写诉状，主动为村民解决纠纷等。村民遇有建房娶亲、红白喜事等都会请他出面帮忙。

2000年，针对汉口村的农村税费改革中税费不降反升的问题，刘双根组织众人写信向中央反映，全村有66人在请愿书上盖章、签字，委托在北京工作的汉口同乡友人将信件递交中共中央办公厅、国务院办公厅。中央收到以后，将此信批转到安徽省。不久，安徽省监察厅、督察厅两位张厅长来到刘双根家访问调查，刘双根代表大家如实反映了税费改革“越改越多”的问题。临走时，省里来的领导对刘双根说：以后，别有事没事就给中央写信，写给省里就行了。

这封信还真发挥了作用，省领导经过调查，在当年中秋节再次来到汉口，组织召开全县乡镇主要领导干部紧急会议，贯彻中央和省委的有关税费改革工作的指示，把税费改革政策落实到位，大幅降低了原先的税费额度。以汉口上村第三生产队为例，把原来人均每年104.91元的税费调整到57.96元，下降率为46%。刘双根为农村税费改革工作辛苦忙碌了八个月，终于收到成效，受到乡亲们的称赞。

刘双根凭着小时候学的一些知识，艰难地开始创作生涯。在农业合作社时期，他负责编写《工作简报》，宣传政策、表扬先进，锻炼了实际写作能力。1952 年，刘双根鼓起勇气，将他写的短文《夜里捉菜螺》寄到徽州报社。这是一篇纪实文章，写的是母亲夜间下菜园捉吃菜叶的螺蛳，因为文字朴实、感情真挚，被报社采用刊登。初战告捷，他受到极大鼓舞，从此写稿不断。1958 年他被聘为《休宁日报》通讯员，经常写稿寄给《徽州报》《芜湖日报》以及上级宣传部等部门，及时宣传党的政策、表扬好人好事、反映农村基层存在的问题等。

写作成果得到认可，刘双根心里感到无比欣慰；同时还能得到稿酬以及一些学习资料、稿纸等。在记工分的年代，能时不时得到几元钱的稿费也是一件快乐的事情。

刘双根退休后闲不住，除了干农活，空闲时间就是看书看报，查阅和搜集农村发展的历史资料。有一次到浙江兰溪做客，他在朋友家发现一本该村的村志，很受启发。回来后，他就着手编写《汉口上村志》。

《汉口上村志》封面

村志的内容很多，人物和事件也很复杂，刘双根费了很多时间和精力终于写成初稿，又几易其稿，终于完成十几万字的作品，全部手工誊写；后又请屯溪一中美术老师江公望设计封面。全书脱稿之后，又自筹经费3800元，印刷了400册。《汉口上村志》是黄山市第一本村志，全书12万多字，包括人口、农业、林业、茶叶、水利、企（商）业、交通邮电、党团干部、民政兵事、政治运动、文教卫生、文物古迹、民俗、谣谚传说和古今人物等15章，对汉口上村的自然环境和社会历史进行了全面论述。此书出自刘双根一人之手，颇为不易。《安徽日报》《黄山日报》等省、市多家媒体对该书的问世都做了报道，受到普遍欢迎和好评。

2004年，他和程佑军等人组织全村汉口小学的新老校友共同编写了《汉口纪事》一书。该书有12万多字，稿件百余篇，作者40余人。其中20篇稿件为刘双根所写，还有一些稿件也都经过他的修改。《汉口上村志》和《汉口纪事》的问世浸透了刘双根的心血，为汉口村的历史传承做出了贡献。

刘双根的努力得到了社会各界的好评。

著名学者、安徽大学徽学研究中心刘伯山教授称赞刘双根“在很多方面都算得上是我的老师”。还说，像刘双根老人这样的民间徽学研究者，身在基层，掌握着第一手资料，“在徽学研究的很多领域，他们都有着别人无法取代的优势”①。

《黄山日报》在报道刘双根的创作成果时，引用他自己的话说：“徽州文化底蕴深厚，是中国文化重要组成部分，上年纪的人如果不把它写下来，年轻人不知，就有可能失传。”刘双根就是怀着这样的历史感和责任感，长年坚守在汉口这块文

① 《民间徽学成就令人折服——大学教授休宁“拜师”》，《新安晚报》，2005年7月6日。

化阵地上，他被人们称为“布衣文人”①。

刘双根平时十分注意积累资料，他将听到、看到、想到的事情都一一记录在案，他积累的资料有十多本。他还有好多写作计划，例如《徽州程氏人物》《休宁方言趣谈》等。但是，刘双根未能如愿，2010年秋的一天，在田间劳作以后去到河水中洗澡，不幸突发脑梗，倒在他一生钟爱的沄溪里，生命终止在七十八岁。

刘双根育有子女八人，他尽其所能让他们求学上进，成为对社会有用的人；他对子女要求很严格，教育子女无论做人做事都要走正道。如今刘双根的子女都已成家立业，在不同的岗位上为社会做出贡献。

二十六、忍辱负重程佑军

程佑军，乳名天顺，汊口后田人，民国二十四年（1935年）出生，汊川程氏六十五世。父亲程德培，早年在东北铁路系统工作，抗日战争爆发后调到上海，家人也一路颠簸来到上海；上海沦陷以后，程佑军的母亲又带着他们姐弟投靠屯溪外婆家，由于生活艰难，最后回到老家汊口，住进后田父亲的祖屋。

抗日战争胜利后，父亲被派去台湾工作。国共内战爆发，与父亲失去联系，母亲领着他们姐弟，靠着祖上留下的几亩薄田艰难度日。年幼的程佑军是家里唯一的男丁，不得不一边上学，一边拾柴，帮助妈妈支撑这个家。

程佑军聪明好学，理解力强，善于动手，乐于助人。他勉强念完初中，考取苏州一所铁路中专，那是一所免费学校，除了免交学杂费、供给膳食，每月还发放生活津贴费，毕业后工

① 汪伟，《布衣文人刘双根》，《黄山日报》，2006年7月28日。

作有保障。程佑军走出生活困顿的家，来到新环境，顿时感到海阔天高，对前程充满憧憬。

但是好景不长，1957 年的“反右”运动，又将他推向深渊。原来程佑军的家在土改时被错划成地主成分，老屋被分去一半；后来土改复查，确认成分错划，被定为小土地出租。成分虽然改过来了，但被占住屋却一直要不回来。在一个屋檐下，新来的邻居还经常指桑骂槐、恶言相向，欺负孤儿老母。这件事一直困扰着他，百思不得其解。任人欺凌、任人宰割的境遇，严重挫伤了他幼小的心灵。

1957 年，在学校的大鸣大放会上，程佑军讲了自己家的遭遇，结果被认为属“右派言论”，被打成“右派分子”并开除学籍，遣送回汊口原籍，当时他还只是个高中生。

回到汊口以后，他正赶上“大跃进”，在人民公社吃大锅饭。他先是参加大炼钢铁，到深山老林去砍树、烧炭、炼钢。看着一棵棵百年老树被砍倒，看着好好的铁锅、铁盆、铁门、铁窗炼成一炉炉废铁渣，程佑军心里沉痛无比。接着，他又被调到休宁流塘煤矿当发电工，和发电机、供电网打交道。

大折腾带来大饥荒。不久，进入困难时期，煤矿解散，从各地召集来的工人都被遣散回原地。程佑军凭着点点滴滴、日积月累自学到的机电方面的技术，被屯溪水电局录用，参加排灌站的建设和管理。在日后的工作中，程佑军的技术得以进一步提高，成长为一名熟练的技术人员。

程佑军虽然离开了汊口，但心里却时时惦记着家乡，他愿意尽自己所能为家乡服务。他在屯溪站稳脚跟之后，就筹划着如何能让汊口的乡亲们早日用上电。他在汊口试验过用水轮泵发电，也试验过内燃机发电。到了 20 世纪七十年代末、八十年代初，他带领一支安装队，将高压线从屯溪架到了汊口，为乡亲们送来了动力、送来了光明，实现了他的最大夙愿。接着他又为汊口培训了一批供电及电力电器管理、维修技术骨干。

程佑军与校友在汉口聚会（2002 年）

左起：孙宝庭、徐国振、程佑军、程素贞、凌雅容、方珍

20 世纪 80 年代落实政策，程佑军回到上海铁路局苏州疗养院工作，家也搬到了苏州。虽然远离家乡，但他不忘家乡。21 世纪初，从苏州铁路疗养院退休以后，他曾数次组织全国各地的汉口小学校友返校，筹划出版学友回忆录，建立学友助学基金，为家乡和母校的发展出谋划策。

在汉口培训电工（站立者左二为程佑军）

程佑军对老母十分孝顺、体贴，在屯溪工作期间，就将母亲接到身边，后来又接到苏州。对一个姐姐、一个妹妹也照顾有加。程佑军的妻子程转兰，是屯溪黎阳人氏，他们是患难之交，21 世纪初患病去世。程佑军有二女一子，大女儿程观萍工作并居住在屯溪，二女儿程琳琳嫁到浙江，儿子程泽民在苏州会计师事务所工作。

2009 年，程佑军因心脏病在苏州去世，享年七十有四。

第三篇　岐阳山高沄水长
多彩汉川长留芳

一、程钜夫和汉口

程钜夫像

程钜夫（1249—1318 年），元代官员、文学家。初名文海，因避元武宗庙讳，改用字代名，号雪楼，又号远斋。建昌（今江西南城）人。累官翰林学士承旨，历仕四朝。死后追封楚国公，谥文宪。程钜夫的文章雍容大雅，其诗亦磊落俊伟。有《雪楼集》三十卷。

程若庸任临汝书院山长时，十几岁的程钜夫是他的得意门生。程钜夫曾经回忆起程若庸经常和他谈起先祖程珌之事[①]，程若庸极力推崇程珌的写作风格，但是一直见不到程珌著作的真迹。（元）至元二十八年（1291 年），已经成为翰林学士的程钜夫接见来访的通州教

① （元）程文宪（程钜夫），送程梅亭（若庸）序，弘治《休宁县志》，卷三十二。

授，询问之后，得知来人竟然是程珌的曾孙，曾编辑付梓程珌的著作，程钜夫非常高兴。这里提到的程珌的曾孙，很可能就是《汉川程氏历世典籍纪略》中提到的“曾孙岘岷”，他曾经为《洺水文集》编版，台湾学者朱开宇曾经提到程珌的曾孙“岘”曾任通州教授一事①。

程钜夫在回忆中称程若庸为叔祖，程钜夫当为汉川程氏十三世也。汉川程氏七世祖亮公后代程绪（“小十万公”）由汉口迁居闵口，程绪之孙程宥兴是一位喜欢悠游山水的文化人，当他漫游到湖北，见到郢州青山碧水的自然景色时，就在那里驻足安家。郢州程氏后人程飞卿于宋德祐元年（1275 年）任建昌（今江西南城县）通判，嗣子（也是侄子）程钜夫随叔父到了建昌。德祐二年（1276 年），元将攻南城，程飞卿献城降元，程钜夫作为人质进京。程钜夫进京时年二十五岁，授宣武将军，管军千户。由于程钜夫的学识深邃，处事有方，很快升迁为应奉翰林文字，翰林修撰，再任集贤直学士，兼秘书少监。

明太常寺卿程南云是程钜夫的后代，正统年间曾到汉口与程氏宗人会谱，并由此引出一段“十万公风波”。

二、朱升墓址考——朱升的汉口情

朱升，字枫林，元末名儒。因向朱元璋献“九言策”（高筑墙、广积粮、缓称王）受到朱元璋的重用，成为近身谋臣。朱元璋称帝后，授朱升翰林学士。

（一）功成致仕　荣归徽州

明洪武二年（1369 年），朱升以七十岁高龄为由提请告老还乡，朱元璋欲赐予爵位，朱升坚辞不受，退休后第二年就死了。

---

① 朱开宇，《家族与科举：宋元明休宁程氏的发展》，《台大文史哲学报》，2003 年第 58 期。

朱升退休后的行踪，明史《朱升传》的记载非常简单："逾年，请老归，卒年七十二。"朱升次子朱同在洪武十六年所撰的《朱学士（升）传》中写道："以年高得请致政（退休）而归，明年庚戌冬十二月以疾终。"①

朱升像

在百度网互动百科和搜狐网搜狗百科的"朱升"词条中，都是这样描述的："朱升退隐时并未回老家休宁，也没有去原隐居地安徽歙县石门，而是携带着夫人涉江沂淮地方，抵东海转至西溪胥宇，并在南龙港建了房屋。""洪武三年（1370年）病逝，葬于盐城西区北龙港镇南龙港东首文曲沟北。"

显然，百度网和搜狐网的词条是错误的，朱同为其父作传的时间距朱升去世才十三年，并无"西溪胥宇"之说；朱升退休时，他的同僚和门生们所写的众多贺诗、贺词也可以佐证他退休后确是回到了徽州。例如，他的得意弟子、汉口人范准（平仲）曾作《赠朱升归新安诗》②：

赠朱升归新安

翰林风月知无数，扶起乾坤随指顾。

① （明）朱同，《朱学士（升）传》，钦定《四库全书》集部总集类，《新安文献志》卷七十六。

② （明）范涞，《朱枫林集》卷之十（附录），万历四十四年（1616年）刻本。

天颜含笑许归来，回首家山秋欲暮。
梅花秋月犹如故，笑倚栏杆情自娱。
先生忧国苦倾心，伵海苍生沾雨露。
（眉批：伵字古通恤，无作四字用者）

诗的题目就点明了“归新安”，诗文中还有“天颜含笑许归来，回首家山秋欲暮”的词句，字里行间洋溢着功成名就、光宗耀祖的喜悦。范准写这首诗时，还在家乡读书，所以用了“许归来”这样的词语。

那么，“西溪胥宇”之说又是从何而来？很可能是逻辑上出了问题，本末倒置、以今推古了。当今的朱升墓确实在江苏省盐城市境内，其古地名可能就叫“西溪胥宇”，于是就想当然地认为，朱升退休以后就直奔一个八竿子也打不着的地方去了。

朱升深通道儒、熟谙风水。他对国家大事，深谋远虑；对自己的身前身后事，也早有安排。早在他避乱歙县石门时，就在附近一个叫“詹田”的地方，为自己选了一块风水宝地做墓地。他对这块墓地十分满意，有他自己的诗句为证：

得詹田佳城

风水集詹田，藏川夹石川。遛心垂半世，藏体付千年。
海内风尘息，城南灯火偏。亲朋何用哭，含笑入黄泉。
（眉批：佳城，《幼学琼林》：“生圹曰寿藏；死墓曰佳城。”）

“树高千丈，叶落归根”是徽州人根深蒂固的传统观念，到了耄耋之年，还要背井离乡，远走他方，不符合徽州人的特质，更不是朱升这样的鸿儒巨硕的选择。

（二）汉口辞世　迁葬詹田

那么，朱升墓又是如何从徽州迁到了现今的地点呢？其中还有曲折。

据弘治《徽州府志》卷二《地理·丘墓》记载："朱学士升墓在汊口，后改葬詹田。"詹田有朱升自己选定的墓址，迁葬詹田，合情合理，但又为什么先葬汊口呢？唯一合理的解释是朱升死在汊口。

朱升退休回到歙县石门，安顿下来之后，他觉得，还有许多地方要去走走看看，除了他的出生地休宁回溪，汊口也是他的目的地。

宋、元、明时期，汊口的教育和儒学研究都比较发达，出现过一批名儒学者，"休宁九贤"中，汊口就占了两席：程若庸和范准（平仲），而后者更是朱升的得意门生（当然，范准成为新安名人是后来的事）；年少时，朱升曾从学汊口名儒江敏求（弘治《休宁县志》，卷九）；汊口人程仲本（元朝名臣程愿学之子）是朱升从学休宁大儒陈栎时的同门学弟，程仲本的儿子程天又是他的得意门生；中年时的朱升，还曾两次应邀到汊口讲学，两位弟子程天和范准在其后的岁月里都曾长期追随他。

朱升对汊口的感情可以从他写给程天（伯龄）的诗《赠程伯龄生日》[1] 中窥见一斑：

程生眉眼如新月，生日新欢宥酒樽。
王文仁恩在民庶，乃翁造禄遗儿孙。
和风款款回山市，春风亭亭对学门。
勉尔灯前勤受读，发扬家学召来昆。

诗中提到的"乃翁"是程天的祖父程愿学，他是一位深受景仰的先辈，程天的曾祖父更是令人尊敬的程逢午。

朱升退休以后，有充足的理由去访问汊口。朱升到了汊口，新朋老友相见，少不了把酒言欢。老先生不胜酒力，导致

① （清）朱彝尊，《全明诗》第一册第六卷，上海古籍出版社，1990 年。

肠胃不适，一命归天；也可能天气寒冷（朱升去世的时间是腊月三十日），引起风寒感冒，救治无效，死在汉口。当时的交通条件不好，还有可能遭遇大雪封山，事发突然，只好入土为安，先在汉口下葬，以后再择机迁葬詹田，可能是最好的安排。

（三）生后流离　安身异乡

既然詹田墓址是朱升亲自选定，为什么还要迁到江苏盐城呢？这要从朱升的儿子说起。朱升有两个儿子：长子朱异，次子朱同（字大同）。

长子朱异在历史上几乎没有记载，成年后，很可能做了个小官，也可能子承父业，开馆讲学，地点就在今天的盐城附近。朱升去世时，朱异应该年过四十，而且已经成家生子。

朱升四十岁喜得次子，取名同（字大同），朱升视如掌上明珠，在学业上也寄予厚望。朱同自幼聪颖好学、机敏多才。范准是这样评价朱同的："大同既优于学，而机巧天成，故精于书又善绘事，凡音律技艺之事皆能谙焉。"① 朱升担心他以后会"聪明反被聪明误"，在退休时坚辞朱元璋为自己封爵，却为朱同讨了个"免死帽"。

朱同四十岁时，经乡荐在州府担任一个主管教育的小官，次年（此时，朱升已经去世十年）升任南京吏部员外郎。由于朱同才华出众、精通诗词音律，五年后升任礼部侍郎。

就在升任礼部侍郎一个月后，因为卷入一个大案被朱元璋赐死。至于死因，史书上只有"坐事死"的记载。后人有说朱同介入了"郭桓案"，但缺少真凭实据。许多历史学家认为，朱元璋即位以后，杀害功臣无数，其中很多是无辜的，朱同很可能就在其列，"免死帽"也没有保住朱同。

---

① 朱同，范平仲书《沄溪归隐图》后，钦定《四库全书》集部六、别集类八，《覆瓿集》卷七。

朱同很可能没有亲生儿子，到南京就职以后，曾经在老家认了继子程子尚，范准有诗《贺大同自杭归觅程子尚为嗣》为证[①]（注意“为嗣”二字）：

近闻返棹钱塘日，有子螟蛉喜若何。
虹井千年悭庆泽，蜃楼三月溢清波。
萱花堂北春云暖，灯火城南夜雨过。
衮衮公侯由此兆，翰林阴隲在人多。

朱同遭难，在当年的人们看来，可能很不光彩，是给朱升抹了黑；石门詹田既非朱氏祖居地，又无后人在近旁，长子朱异将朱升墓迁到自己工作和居住的地方，以便祭扫，也是一种合理解释。

朱升墓（盐城市北龙港镇）

朱升墓从汉口迁往詹田的时间当在朱同任职南京时；朱升墓迁出詹田的时间应在朱同死后、朱异在世时或在朱异子、孙

① 朱同，范平仲书《沄溪归隐图》后，钦定《四库全书》集部六、别部类八，《覆瓿集》卷八。

辈期间。明万历年间，范涞①为编撰《朱枫林集》，曾亲自到歙县石门考察，拜谒了朱升像、观赏了朱升的著作遗稿，但是没有提到朱升墓，可见，此时朱升墓已经迁走。范涞有诗为证②：

特谒大学士元勋遗像、见古谱、墨画、五经傍注、小四书诸集

春霁和风访石门，逶迤曲涧到深村。
重峦远护遗居敞，旧榜高题御迹存。
星列谱书森玉立，烟笼图画俨云屯。
元勋殊号良非偶，展拜仪容道更尊。

（四）青山处处埋忠骨　权将他乡作故乡

朱升是大明的开国谋臣，死后不能在自己钟爱的墓地安息，还要颠沛流离，不能不说是人生的悲剧。

现在，盐城市已经将朱升墓列为重点文物保护对象，进行了修葺；近年又在朱升墓附近发现了朱升第七代孙朱从馨的墓葬，说明自明朝初年以来，朱氏家族确实在盐城繁衍生息。

朱升死后还能儿孙绕膝，享受天伦，也算是不幸中的大幸了。

三、程敏政和汉口

程敏政（1446—1499年），字克敏，兵部尚书程信之子，休宁陪郭人，幼年即有神童之誉。成化二年（1466年）殿试高中榜眼，授翰林编修。当时翰林院中，学问渊博当推程敏

---

① 范涞（1538—1614年），字原易，号晞阳，休宁弈棋林唐人，万历二年（1574年）进士，曾任南昌知府，浙江按察司副使，后官至福建左布政使。

② （明）范涞，《朱枫林集》卷之十（附录），万历四十四年（1616年）刻本。

政，文章古雅当推李东阳，性行真纯当推陈音，他们三人各为一时之冠。

程敏政像

程敏政虽然高官厚禄，但一生并不顺畅。弘治元年（1488 年），因遭人忌恨被诬告，勒令致仕（退休），回到休宁“南山精舍”编写《休宁县志》，时隔五年才被平冤。到弘治十二年（1499 年），又因“考场弊案”遭弹劾下狱，待案情大白出狱时，他身染重病去世，时年五十四岁。

和其他徽州人一样，不论走到哪里，他都忘不了徽州老家。程敏政为官期间，曾经写下《新安文献志》《篁敦文集》，编辑《新安程氏统宗世谱》等具有历史价值的著作，其中很多是在徽州丁忧或闲居时创作的。

从现有的资料看，程敏政和汉口的关系相当紧密。他曾经数度来到汉口，对汉口的风物地貌十分熟悉；他在汉口有至交好友，一同吟诗游宴；他为汉口耆老名宿写下很多篇墓志铭和其他纪念文章。

成化十四年（1478 年），程敏政回乡葬弟，正赶上汉口世忠行祠（忠壮殿）落成，程敏政专程前来祭拜，并写下《汉口世忠行祠记》一文，对汉口人纪念忠壮公和建设行祠的历史做了全面介绍。

成化十八年（1482 年），程敏政因父亲去世在家“守制”，开始修编《新安程氏统宗世谱》，曾经邀请挚友、汉口人程充（用光）和程隐（逸民）参与其中。

弘治元年（1488 年），程敏政第一次遭陷害被贬回到休宁，他在休宁闲居期间，主编《休宁县志》。程充和程隐也应邀参与，与另一位汊口人程志端也有过交流。

程敏政为汊口人写作纪念文章多篇，如：《休宁汊口世忠行祠记》《〈重订丹溪心法〉序》《书汊口宗家承德堂后》《题族祖宋端明公所为范可起字说后》《程用光墓志铭》《孙君以寛墓志铭》《答汊口宗人志端》等，可见程敏政和汊口的关系不一般。

程敏政曾经多次来汊口闲居，与挚友程充、程隐等饮酒吟诗，留下不少脍炙人口的诗句。他和程充（用光）、程隐（逸民）的联句诗很有意思。如（见《篁敦文集》卷七十）：

与闵口、临溪、汊川三族人同登东密岩，观远祖中丞公起兵拒黄巢处，晚宿岩下方兴寺，与汊川宗人逸民、用光联句二首

家山乘兴一来游（逸民），万仞峯颠日未收（克勤），
疑帜久空唐将壁（用光），残钟时起梵王楼（克勤）。
穿云石磴萝阴合（逸民），过雨林峦黛色流（克勤），
吟屐忽随归马散（用光），天风吹袂晚飕飕（克勤）。

又：
东密岩下古招提（克勤），四面阴森竹树齐（逸民）。
山翠入帘朝过雨（用光），炊烟拖巷午闻鸡（克勤）。
老僧延坐劳清供（逸民），词客留诗续旧题（用光）。
话久不知鸣晚鼓（克勤），暂分禅榻伴幽栖（逸民）。

程敏政是当世名流，满腹诗书，才情出众。程充、程隐能够与他联诗，也可见汊口人的学问相当了得。

程敏政不仅和程氏宗人接触频密，与汊口汪姓人家也多有来往，有他写给汪端的诗为证：

端午饮汉口汪端家，忽记京华旧事

紫云溪上作端阳，忽记前年黼座傍。
分艾特颁宫様虎，侑尊时出上供羊。
彩丝系臂饶恩露，聚扇回风带御香。
抚景不堪惊岁月，愧无才力报君王。

云（沄）水山房（汪君驽孟禛世居云溪，题其所居曰云水山房，云水殆云溪之转语，耳赋者多不及此，予故申之）

杖策云溪上，濯足云溪下。由来故王孙，却是忘机者。
仰看鸢戾天，俯见鱼潜渊。欲悟动静理，日到云溪边。
溪云时卷舒，溪水可厉揭。珍重溪居人，斯言或相契。

四、程敏政为“休宁汉口世忠行祠”作记

忠壮公像

汉口世忠行祠为纪念程氏先人程灵洗而建。程灵洗（514—568 年），字玄涤，南朝武职官吏，新安海宁（今安徽休宁）人，梁时以拒侯景乱，授谯州刺史；入陈，官兰陵太守，以讨伐战功拜都督、郢州刺史。死后封重安县公，葬篁敦，赠镇西将军，开府仪同三司，谥号忠壮。宋嘉定敕建世忠庙，追封广烈侯，元泰定三年加封忠烈。

到了南宋时期，由于朝廷的推波助澜，程灵洗在徽州，特

别在徽州程姓族群中已经被神化，人们以各种形式对其顶礼膜拜。

在这场造神运动中，汉口人也不落后。程珌利用他在宫廷中的特殊地位，一面组织募捐，修缮篁敦世忠祠；一面组织“一乡六社”的乡民迎接忠壮公神像到汉口祭拜。到了元代，为了便于祭祀，程愿学倡议程氏族人在汉口干龙山建立行祠，后来毁于元末兵乱。明朝宣德初年，程愿学的侄子程尝延、侄孙程安重建世宗祠于武堂山，可能因为武堂山距村子较远，不便祈祷，仍旧改到原址干龙山修建。由于行祠修建不合规范，到了成化己亥年（1479 年）冬季，程尝延三世侄孙程隆明征得长辈同意，请来工匠重新修缮。这一次，世忠行祠外貌庄严，内饰得体，庄重简朴；又根据村人程充（用光）和程隐（逸民）的建议，增建了忠壮公之子威悼将军程文季和都使公程沄的塑像立于左右两侧。庙成之日，举行庆典，大学士程敏政专程前来祭拜，并写下《休宁汉口世忠行祠记》，为汉口保存了一份珍贵的历史资料。

程敏政对乡人尊敬先祖、继承传统的民风十分感慨。他写道：“呜呼！古忠臣烈士，祠於公者，其家或无宗谱之可寻，蕃有后者，其名又非祭法之所载。求其有儁功大惠，进受国烝、退享家之馈食，至千有馀年之久如我公者，世岂多见哉？”

附：休宁汉口世忠行祠记[①]（程敏政）

古忠臣烈士，有俊功大惠于世于国者，必崇祀之。著于今，有家者，常祀之外，亦别有先祖，一祀著于礼，礼法并行，不可偏废。而况有俊功大惠于世者，置弗礼之可乎专祠

① （明）程敏政，《休宁汉口世宗行祠记》，钦定《四库全书》集部六别、集类五，《篁敦文集》，卷十三。

矣，而复祀于家则亵，置弗祀则简。

于是，中古以来，有行祀之，设卜地为之其志，视公祠则杀，视家礼则隆。亦犹民间不敢僭称社稷，而曰义社也。

我新安程氏之先祖、云麾将军忠壮公讳灵洗，尝手殪妖唇，以脱居人于垫溺。又尝起义兵，拒侯景以全活其民人于僭乱。其后事陈，常握重兵居上游，戮叛将、却戎虏。其功益著，而惠益宏。其没也，乡人思相与，祀于故居篁敦，有祷辄应。自宋以来，列之祀典，号曰世忠之庙，国朝因之。

公子孙最多，散处郡之六邑，又蔓衍于旁郡，每一聚处，不下数十千，指辄为公行祠，便只谒。由是，公行祀布东南，若休宁汉口者其一也。

初公子开府，威悼公文季代领父众，死节于周。十四世孙御使中丞都使公沄，唐广明中复起义，拒黄巢，世守东密岩，事载郡志。东密岩者，距汉口最近，中丞十四世孙端明殿学士赠少师珌，宋嘉定中，倡休歙族人捐田入篁敦庙。每岁合一乡六社之人，迎神至汉口祀。入元，以远弗便，端明三世从孙中山府判愿学始倡族人作行祠于溪西干龙山，元季兵燹，祠渐以弊。国朝宣德初，中山从子尝延、从孙安等改作于武堂山。久之，又以祷祈弗便，乃葺旧祠，妥神规制弗称。乃成化己亥冬，尝延三世从孙隆明，请于其从祖弁，鸠工重作，庙貌始严以备，不简不亵，隆杀得宜。隆诸弟隐、充又议以威悼、都使两公实能嗣忠壮之遗烈，威悼尝侑食篁敦，都使又汉口始迁祖，于是充作威悼公之像于左，隐作都使公之像于右。

祠成以记，来请敏政。尝以会族至汉口，得伏拜祠下，诺而记之。呜呼！古忠臣烈士，祠于公者，其家或无宗谱之可寻，蓄有后者，其名又非祭法之所载。求其有俊功大惠，进受国蒸、退享家之馈食，至千有余年之久，如我公者世岂多见哉？自兹以往，合族于是则昭穆益明，而宗祊不坠有祷。于是，则雨旸益时，而粢盛不乏，肸蠁之所通，流泽之所被，灵一家而及乎一乡，氤云礿而及乎异姓，则行祠之设不懈益虔。遂将与篁敦之专祠相高而起，废之公嗣，葺之岁月。固不可无述也。

五、归有光为《汉口志》作序

汉口，地处皖浙赣边区，大山环绕，交通不便。秉着耕读传家的优良传统，有着比较发达的文化传承，在历史的长河里，汉口村的文人墨客用各种不同的方式记录汉口村的点点滴滴，其中，氏族宗谱和村志的编写是最好的历史传承。

明代汉口人程元成（字汝玉），编写《汉口志》（“典籍纪略”中称《汉口乡志》），历史上第一次记录了汉口村的地理、历史和风物人情；到了清代，汉口人程逢年又编写了《汉川续志》；20 世纪 90 年代，村民刘双根编写了《汉口上村志》，对汉口村的地理、历史、人口、经济、民俗、民风等做了比较全面的介绍。到了 21 世纪初，旅外人士程佑军和村民刘双根等又组织几十位汉口小学的新老校友撰稿，编印了《汉口纪事》一书。

明清时期编写的两本村志，没有保留下来，两位先辈作者的生平也不得而知，不能不说是一大憾事。值得庆幸的是，明代著名散文家归有光为程元成的《汉口志》所作的序，得以保留史册，从中可以得知《汉口志》及当年汉口村的一些信息。

归有光（1507—1571 年），字熙甫，又字开甫，别号震川，又号项脊生，世称“震川先生”，苏州府太仓县人，明代著名散文家、古文家。嘉靖十九年举人，之后参加会试，八次落第，六十岁时方成进士，历长兴知县、顺德通判、南京太仆寺丞，故称“归太仆”。隆庆五年（1571 年）病逝，年六十六。

归有光崇尚唐宋古文，其散文风格朴实，感情真挚，是明代“唐宋派”代表作家，被称为“今之欧阳修”，后人称赞其散文为“明文第一”。

归有光见到程汝玉的《汊口志》后，大加赞赏。他认为，程汝玉的作品，与当时一些剽窃盗版之作不同，虽非艺术精品，却是实实在在的创作，合于社会道德，很愿意为其作序。

在简述了徽州和汊口的地理、历史之后，归有光高度评价了程汝玉的《汊口志》。他写道：“汝玉之所存可谓厚矣。盖君子之不忘乎乡，而后能及于天下也。噫！今名都大邑，尚犹恨纪载之轶，汊口一乡，汝玉之能为其山水增重也。如此，则文献之于世，其可少乎哉?”可惜的是，这样一本具有史料价值的《汊口志》竟然没有存留下来。

归有光何时、何地、以何种方式得到《汊口志》，不得而知。可以想象，最为简捷的途径是通过汊口籍的进士转交，但是，汊口村几位明代的进士，和归有光不在同一时间坐标。归有光为《汊口志》作序的时间很可能在他中榜进士之前，归有光年轻时就以文章著世，汊口人因贸易、就业、做官，与苏州一带来往密切，通过朋友关系转交的可能性很大。归有光与徽州人的接触也不少，从他的著作中可以发现有关其他徽州人和事的文章，例如归有光曾为休宁荪田程白庵写下八十大寿的祝词①。

从归有光为《汊口志》作序一事，可以看到古时汊口人对待世界的开放态度和开阔的眼界。

---

① （明）归有光，《震川先生集》卷之十八，上海古籍出版社，1981 年。

附:《汉口志》序①（归有光）

休宁程汝玉雅志著述，颇为剽摘而汇别之。凡为书若干卷，名之曰卓行录。虽不尽出于中行，要之不悖于孔子之志，故为序之云尔。

《汉口志》序

归有光雕像

越山西南高，而下倾于海。故天目于浙江之山最高，然仅与新安之平地等。自浙望之，新安盖出万山之上云。故新安，山郡也。州邑乡聚，皆依山为坞。而山惟黄山为大，大鄣山次之。秦初置鄣郡以此。

诸水自浙岭渐溪至率口，与率山之水会。北与练溪合，为新安江。过严陵滩，入于钱塘。而汉川之水，亦会于率口。汉川者，合琅璜之水，流岐阳山之下，两水相交谓之汉。盖其口山围水绕，林木茂密，故居人成聚焉。

唐广明之乱，都使程沄集众为保，营于其外。子孙遂居之。新安之程，蔓衍诸邑，皆祖梁忠壮公。而都使实始居汉口。其显者，为宋端明殿学士珌。而若庸师事饶仲元，其后吴幼清、程巨夫皆出其门，学者称之为徽庵先生。其他名德，代有其人。

---

① （明）归有光，《震川先生集》卷之二，上海古籍出版社，1981 年。

程君元成汝玉，都使之后也，故为汉口志，志其方物地俗与丘陵坟墓。汝玉之所存，可谓厚矣。盖君子之不忘乎乡，而后能及于天下也。噫！今名都大邑，尚犹恨纪载之轶，汉口一乡，汝玉之能为其山水增重也。如此，则文献之于世，其可少乎哉？

六、乾隆状元金德瑛的祖籍在汉口

清乾隆元年（1736 年），开科取士。三十五岁的金德瑛（1701—1762 年）高中状元，休宁瓯山村金氏族人个个笑逐颜开，无比欢乐；与此同时，距瓯山大约五十里地的汉口程氏族人，也张灯结彩，欢天喜地。瓯山金家出了状元，汉口程家为何如此兴奋呢？那还得从元朝说起。

时光倒回四百多年前的元代，汉口有个处士程眉，是南宋绍定二年（1229 年）进士程若颜的孙子。程眉幼年时父母双亡，孤苦无依，全靠他在瓯山的姨父金应元悉心抚育成人，并将女儿嫁给他成家立业。金应元的长子早死无后，程眉为了答谢姨父的养育之恩，就让自己的次子程祖仁顶其门户，并改姓金。不料，金祖仁也短命，没续上香火，程眉又让长子程祖佑的小儿子程任顶金祖仁家门户，改称金任。金任子孙又传十余世，便是状元金德瑛这一辈。由此可见，金家状元的血脉里也流动着汉口程氏的骨血，汉口程氏能不感到荣

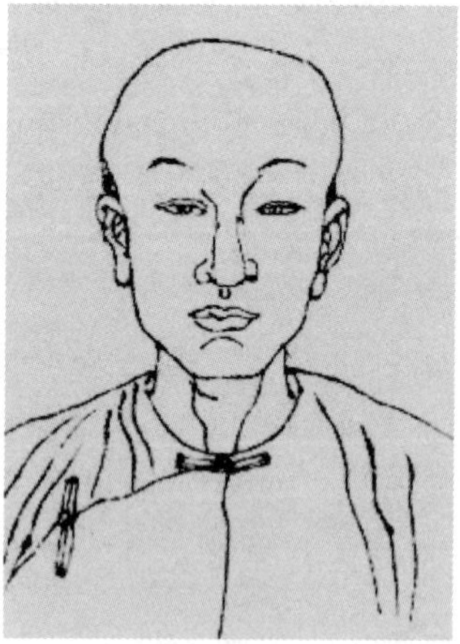

金德瑛

耀吗？

金德瑛中了状元以后，授翰林院修撰，历任右庶子、太常寺卿，任江西、山东及顺天学政。金德瑛为官清正廉明。他曾以十六字长对联作为家训："傲不可长、欲不可纵、志不可满、乐不可极；动莫如静、居莫若俭、德莫若让、事莫如咨"教育子孙后代。瓯山金氏历代兴旺，长久不衰。

七、汉口友恭堂史话

（一）茶叶贸易　父子仨初战告捷

友恭堂是清代中后期在汉口形成的一个家族，始祖程嵩年（约公元1820—1880年）是汉口程氏一世祖沄公的59世孙，原汉口树德堂的后代。

在一张明代的"汉川图形"上，有树德堂的标志。据汉口的老人回忆，树德堂是汉口程姓的一个古老族系，祖屋里挂着很多炫耀家族荣耀的匾额，显示这里曾经人才辈出。[①] 到了清代，从树德堂派生出"十公房"，而后从"十公房"又衍生出"友恭堂"等族系。1949年之前，每逢年节，友恭堂的子孙都要到树德堂去祭拜祖宗。

程嵩年生有二子：长子心耕，次子翼堂。据"程一帆自述"记载，两兄弟年轻时，以耕种为生，生活清苦。

兄弟俩成年后，父子三人共同经商，在汉口收购和炒制茶叶，装箱以后，经屯溪转运往上海、广州，远销俄罗斯和欧洲各国。

得益于当年对外开放、五口通商，打开了欧洲的茶叶市场，"屯绿"为欧洲客户认可，而汉口就是屯绿的主产地之一；汉口周围的浅山地形、土质、气候都适合茶叶生长；汉口

---

① 李祥成，《糊里糊涂的经历》，《汉口纪事》，2004年第99页。

有长期种茶、制茶历史，农民大多精通此道，真可谓是“天时、地利、人和”。脑子灵活的程嵩年父子三人分析了这些条件，决定投身茶叶的生产、制作和贸易。

最初的资本除了父子三人的日常积累，很可能来源于借贷，亲戚朋友可以用入股的方式投资（汉口民间以前就很流行用“打会”方式来集资），也可能从私人钱庄借贷。父子三人第一个举措就是建起制茶作坊（“锅场”），从事茶叶的收购、炒制、包装和发运。“锅场”的面积一千余平方米，沿外墙周圈设置炒锅（估计有数十口之多），每到春季和初夏的制茶旺季，这里一片繁忙，估计干茶年产量在数百担，用麻布袋或木板箱包装以后，由挑夫挑往屯溪茶栈。由于茶叶质量优良，取得屯溪茶栈的信任，获得长期订单。

初战告捷，对父子三人是极大鼓舞，年复一年，茶叶生意越做越大。

“锅场”出产的茶叶，有一系列的质量保证体系。程嵩年父子与种茶户有确保茶草品质的约定；当年的茶叶制作全部依靠手工，“锅场”雇用的熟练农工，在制茶旺季有数十人之多；茶叶制作后期还要进行人工择选，挑出老叶、黄叶、碎叶和茶梗。这种挑出来的“等外茶”用于自己喝，所有女眷都要参与“择茶”。

自从建立“锅场”，汉口的茶叶制作基本上为“锅场”所垄断。“锅场”产出的茶叶是“屯绿”中的优品，深受外商欢迎；同时，为了兼顾国内市场，父子三人又开发新品——茶砖和（珠兰）花茶，以适应新疆、蒙古等地少数民族的需求。

（二）生意兴隆　友恭堂应运而生

“堂”是由同血缘的亲属组成的宗族基层单位，其成员一般包括父子、兄弟等若干个家庭。在宗族社会里，“堂”不仅是基层的生产单位，也是基层的社会单元。“堂”的建立，有利于加强家族内部的团结，有利于调动各种积极因素，促进家族的发展和家族的社会生存能力。

经过若干年的艰苦创业，程嵩年父子的生意越做越旺，家业越来越大，人丁也日渐增多。大约在19世纪中后期（约1870—1880年间），父子三人觉得，建立“堂”的条件已经成熟，于是，“友恭堂”应运而生。程嵩年建立友恭堂的初心是寄望于程心耕和程翼堂两兄弟能够相互扶持、同心创业，世代和睦、家业永盛。

“友恭堂”的取意源于《史记·五帝本纪》中记述的尧帝与大臣们的一段对话，其中提到用以规范家族内部伦理道德关系的“五典”（父义、母慈、兄友、弟恭、子孝），后来，孟子将它扩展为“五伦十教”，即“君惠臣忠、父慈子孝、兄友弟恭、夫义妇顺、朋友有信”，成为儒家社会伦理道德的基础。

“兄友弟恭”是“友恭堂”最基本的祖训。一百多年来，友恭堂的大多数家庭和成员都能遵循，做到和睦相处，互相帮衬。

在商业上取得成功之后，“友恭堂”在汉口村的中心地段建起了一片徽派建筑群，背靠岐阳山，面临紫云溪，风景绝佳，交通便利。这片建筑上自“天上门”，下至更楼，绵延约二百多米，共有十个门洞，一色青砖黛瓦、石库门面。

建筑群与后底山（岐阳山西麓）相合，形成一个相对封闭的大庄园。主屋瞻云堂三进两层，内有小花园；下屋（怡萼轩）有鱼池和假山以及镶嵌玻璃的厢房（俗称玻璃窗），这在那个年代是很少见的。其他房屋的结构大多是前进为大厅，是各家祭祖、聚会之所；二进为居住区，一般有四个居室；三进为厨房等辅助建筑。走出厨房，就是菜园。

友恭堂建筑内部都互相连通，也可以通过菜园中的小道相互走动。后期的友恭堂虽然分成“友房”和“恭房”十几个小家庭，大家仍然能够遵照祖上的意愿，“兄友弟恭”，互相扶持，与友恭堂的建筑形式不无关系。

在友恭堂成立前后，嵩年公就将家产分给两兄弟（“友房”和“恭房”），同时留下一份公产，由两房各户轮流值年管理。公产的收入主要用于祖宗的祭祀、祖坟的维护以及村里的公益事业（如民泰桥、忠壮殿、程氏宗祠的维修，赞助元宵节龙灯等）。

嵩年公去世之后，翼堂公接掌友恭堂的管理，继续扩大茶叶贸易和增建房屋。后来，两兄弟又将家产分给各自的后代，除了住屋，每户还能分到农田三四十亩，相对于当时的家庭人口，靠这些田地能够过上小康日子。

尊宗敬祖是友恭堂的传统，年节和清明节是两个重要的祭祀日子。每到农历过年前夕，各家各户要把祖宗容（画轴）集中挂在新厅（敬爱堂大厅）墙上，腊月二十六日迎接祖宗回家过年；祭祖之后，值年户要宴请各房亲属，以感谢众家对“管家”一年工作的支持；同时也是一个交接仪式，即日起，下一房就担起来年的值年任务。按规矩，只有男丁才能参加新年宴会。到了来年正月十八，送走祖宗，收起画卷，“年”就算过完了。

清明节祭祖也是友恭堂的重要活动。嵩年公是友恭堂的共祖，“友”“恭”两房都要派人参加扫墓；嵩年公的坟茔在鬲山，路途较远，值年户备有轿子，行走不便的人可以乘轿前往。每年清明节前，守墓人已经完成割去杂草、填补洞穴等前期工作。扫墓祭祀仪式大体如下：值年户在墓前祭拜石上摆放祭品，点燃香烛，全体祭扫人员在墓前行三跪九叩礼；接着，由值年户将一串串纸钱挂在坟头上，同时燃放鞭炮、燃烧纸钱；向守墓人及墓地周围住户散发挂钱饼（圆形米饼），感谢他们对墓地的守护。祭扫仪式之后，到附近亲戚或守墓人家聚餐，各房子孙将带来的祭品一扫而光。

通过祭祀祖先的活动，可以增进族群内部的团结，促进家族的绵延发展。友恭堂的这些活动一直持续到新中国成立前夕。

（三）盲目扩张 馥馨祥经营破产

友恭堂的发迹主要依靠茶叶贸易，得益于“天时、地利、人和”，父子三人很快就取得成功。

大约在19世纪晚期或20世纪初年，友恭堂的主事已经转移到第三代，翼堂公的第五个儿子程文卿（昵称“老五”）成了茶叶生意的掌门人。

生意越做越大，原来的“锅场”已经不适应发展的需要。为了扩大再生产，文卿公在民泰桥附近购地，建成新的制茶作坊“茶号”，并取名“馥馨祥”，打出了自己的品牌。“茶号”的规模较“锅场”扩大了好几倍，布局也更加合理。收购区、加工区、发货区、账房、店铺……各在其位；工人、职员……各司其职。同时，在茶号附近开了杂货店（同丰店）、面食店、药材店等，开展多种经营，还在屯溪街开设了杂货店“大馨”。

在进一步扩大再生产时，遇到了茶草产量这个瓶颈。茶叶加工能力提高了，但茶草生产却供不应求。徽州地区山多地少，粮食供给紧张，特别是到了早春季节，许多农户因为口粮青黄不接，无心耕作茶园，而此时正是茶树生长的关键时节。程文卿发现了这个问题，果断采取了一个“扶助茶农”的重大举措。每到阴历年前，“馥馨祥”就到钱庄贷出一大笔款项，作为茶叶收购的定金，无息发放给茶农，茶农可以用以后的茶叶归还借款。这一来，茶农既解除了“春荒”的后顾之忧，又寄希望茶叶有个好收成，心思就都用在了茶园里，保证了茶叶的连年丰收。程文卿这一举措促进了农商双赢，也使得友恭堂讲究信誉、重义轻利的名声在十里八乡传开。

在“馥馨祥”最鼎盛时，每年的干茶产量估计可达两千担以上。

程文卿的这些举措，不仅在茶叶生产和贸易上取得巨大成功，也让他成了远近知名的士绅，声望日益提高。据说，附近村民发生纠纷，有些连官府都难以解决，但只要“老五”出面，就能迎刃而解。程文卿性格刚烈、为人严肃，遇到不合公理的事情，往往不给情面。谁要是在外说了一句错话或做了一件错事，正巧碰上他在场，就很可能让当事人下不来台；甚至有人在外遇到不称心的事，都会对家人说：“今天碰到老五啦!”“碰到老五”几乎成了汉口和附近村民的口头禅。当然，对友恭堂的人来说，这是忌语。

由于程文卿的威望和他对乡村发展与治理的贡献，大清朝廷诰授他的父亲翼堂公为“朝议大夫”（有衔无职的从四品官），死后被列入篁敦程氏统宗祠祭祀程元潭的“附祀神主”名单。①

俗话说，人算不如天算。正当友恭堂的茶叶生意做得风生水起时，国际形势发生巨变，依赖国际市场的“馥馨祥”遭受沉重打击。20 世纪初，俄国和欧洲局势动荡，第一次世界大战爆发，同时国内也处在改朝换代和长年的军阀混战之中，茶叶销量骤减，而“馥馨祥”仍在扩大再生产，从钱庄的贷款一年比一年多，等到茶叶运到港口，才发现已经完全没有了销路。资金没法回收，钱庄的贷款无法偿还，“馥馨祥”不得不宣告破产。程文卿将友恭堂主屋瞻云堂抵押给钱庄，不久一场大火将瞻云堂烧成灰烬，又不得不变卖汉口的店铺不动产和屯溪街的“大馨”杂货店。

友恭堂的生意破产后不久，文卿公和他的长子余宝公先后去世，剩余债务全都压在次子一帆公身上。一帆公在上海勤奋工作，克勤克俭，直到三十年以后才偿清全部债务。“馥馨祥”从钱庄的借款全部用于茶农的预支款，企业破产以后，

① 程一帆，《黄墩统宗祠合祀事仪簿》（手写本），第 20 页。

没有将债务转嫁给茶农，全部由自己承担。

（四）时代变迁　友恭堂寿终正寝

“馥馨祥”破产，对友恭堂是一个沉重打击。这棵大树倒了，原先熙熙攘攘的“茶号”和“锅场”，现在变得冷冷清清；友恭堂的男丁几乎全都背井离乡，外出当学徒或做工。立在沄水边的那排房屋，看着依然雄伟，内囊却已经空虚。

“馥馨祥”破产时，友恭堂已经是一个拥有几十个家庭和数百口人的大家族。友恭堂先辈在世时留给各户子孙一笔田产。现在，各户在经济上没有了靠山，只能自食其力，各显神通。在外地打拼的友恭堂男人，有的人挣到钱以后，回乡买屋买地；也有的因家境困难，卖掉了祖产；还有的死守祖宗遗产，过着不咸不淡的日子。时光荏苒，斗转星移，塞翁失马，焉知非福？几十年后，友恭堂已经完全分化，在1950年代初实行土地改革时，友恭堂共评出地主9户、小土地出租3户、贫农（民）2户，真是几家欢喜几家愁。

当然，友恭堂留给后代人的不仅是田产，更重要的是知识。友恭堂的子孙凡有条件的，大多学有所成，后来很多人都用自己的所学服务于国家和人民。

“馥馨祥”破产以后走出去的友恭堂人士，基本上再也没有回到汉口定居。据统计，到汉川程氏67世，生活在全国各地，乃至海外的友恭堂后裔已经发展到三四百人。

（五）天南地北　难忘的汉口情结

从19世纪中叶创立，到20世纪中叶解体，友恭堂经历了百年沧桑。友恭堂消失虽已经过去半个多世纪，但留给人们的记忆难以磨灭。1993年夏，由友恭堂第5代孙、年逾古稀的程家骕、程励清兄妹二人倡议，组织友恭堂亲友在家乡团聚。[①] 倡议一出，八方响应，一时间有六七十人从全国东西南

---

① 程励清，《难忘一九九三》，《汉口纪事》，第80页。

北集中到了汉口。他们中，有的年过古稀，有的刚上小学，有的全家同行，有的祖孙三代结伴，也有的孤身一人赴约。许多人都是在半个世纪以后初次相见，大家执手言旧、感叹人生，悲欢离合、甜酸苦辣之情无以言表。类似这样的聚会在1990年代和20世纪初还曾有过多次。

如今，友恭堂的后裔散落在全国乃至国外，在各地立家创业，繁衍生息，但他们始终不忘初心，经常携家带口返回家乡归宗认祖、祭祀扫墓、探亲访友，参与家乡的公益活动。

在历史的长河里，友恭堂只是一朵小浪花，早已被淹没在洪流之中，耸立在沄溪旁的友恭堂建筑群已经被一幢幢新楼所替代，今天的汉口人对"友恭堂"的概念已经模糊，再过若干年，也许就会从人们的记忆中消失，也没有人会再去评论友恭堂的是非功过。

时间可以洗白一切，但愿友恭堂的祖训——"兄友弟恭"能够为人们长久记忆，只不过这里的"兄弟"，应该是"四海之内皆兄弟"也。

八、亲历"点主"仪式

事情发生在我九岁念小学四年级的时候。

一天上午，妈妈匆匆来到学校，把我喊出教室，对我说："赶紧随我回家，已经给你请好假，下面的课不上了。"

我忙问发生了什么事，妈妈一边走一边说："新大房排囡公今日下葬，元婶（排囡公的儿媳妇）让你去给祖宗牌'点主'，快回去洗把脸、换件衣服。"

我丈二和尚摸不着头脑："什么是'点主'呀？"

妈妈说："你们上课的地方不就挨着祖宗牌吗？祖宗牌上的字都已经涂成黑色，现在就剩下一个'点'，让你用毛笔把它涂红了。"

我有点着急："为什么找我呀？"

妈妈说："你是友恭堂里的男人呀。"

我还是一头雾水，还有许多问题要问，妈妈有点不耐烦了："一会儿，叫你怎么做，你就怎么做，做完你就明白了。"

到家赶紧洗过脸，妈妈拿过一件长袍让我穿上。我小时候爱动，不愿受拘束，平常都是穿短衣，只在寒冬腊月才穿上棉袍。妈妈看出我不情愿的样子，就说："今天让你去'点主'，就要穿上长袍，还要带上小礼帽，这是规矩。"

我拿起长袍不情不愿地往身上套，这是一件旧罩袍，是冬天罩在棉袍外面穿的。我拿起一看，发现前胸有一块大补丁，总算找到了借口，就将长袍往床上一扔。

"妈，你看上面有个大补丁，今天穿着不好吧！"

妈妈想了想，不无诙谐地对我说："你看那戏台上做官的，哪一件衣服没有大补丁？再说外面罩上一个马褂，就什么都看不见了。"

于是，我很不情愿地穿上长袍，又套上一个小马甲，妈妈不知从哪儿又变出一顶瓜皮帽，让我戴上。穿戴完毕，就跟着妈妈去到友恭堂新厅。

新厅是友恭堂新大房的住地，前进是一个大厅（敬爱

1990年代友恭堂外景，左起第四个门是敬爱堂（摄影：程祖培）

堂），后进住着新大房两家。自从友恭堂正厅（瞻云堂）被火灾焚毁后，新厅就成了家族举行各种仪式和典礼的场所，如婚丧嫁娶、祖宗祭祀等重要活动都在这里举行。走进新厅大门，就见到排囡公的灵柩停放在大厅正中，灵柩前面放了一个条案，条案上立着排囡公的牌位和笔墨、砚台，条案后面放了一把椅子。

大厅安静肃穆，来了许多人，有的站着、有的坐着。一踏进新厅大门，发现所有人的眼睛都盯着我；接着就有人把我领到灵柩前，叫我下跪、叩头，然后把我扶到条案后面的椅子上坐下。

刚一入座，就有人递过毛笔，教我在红色的墨盒里蘸一蘸，接着有人双手捧着排囡公的牌位，送到我的眼前。我一看，祖宗牌上的字基本都认得，因为我们的课桌就挨着祖宗牌位，天天能见到。只见上面刻着：汉川程氏六十二世程公讳排宝之神主。上面的字都已经涂成黑色，只有“神主”的“主”字上面那一点还是木头原色。我一下子就明白了，要我来就是要把“主”字上面那一点染成红色。于是，我踮起脚尖、提起毛笔，冲着那一“点”就点了下去。

笔尖刚刚落下，就听见有人大喊一声“礼成，请入席”，表示“点主”仪式已经完成。从我走进大厅到仪式完成也就不过五六分钟，全大厅的人等了我好像有小半天。

出殡酒席就设在新厅，在灵柩两边各设有两桌。我被领到一个位子坐下，胡乱吃了几口饭菜，回家换了衣服，就跑着上学去了。

吃饭的时候，我向四处看了看，发现酒席上全是男宾，基本上都不认识，可能都是新大房的亲戚或请来办理丧事的“伙夫”吧。

晚上放学回家，妈妈说我今天表现不错，为友恭堂“救了急”。我问妈妈：“这种事为什么不找个大人来办?”

妈妈说："新大房的人也许忙糊涂了，事先没有料到，今天会没有一个男人在家。"妈妈从老大房、新大房数到新六房，可不是吗？今天没有一个成年男人在村里。

排囡公今天下午出殡，上午举行"点主"仪式，仪式之后，祖宗牌位就被供进祠堂。一早，亲戚、宾客、"伙夫"都到了，笔墨、砚台都准备齐了，才发现找不到执笔之人。按照老规矩，"点主"仪式的执笔人应该是家族的族长或长者，但是今天可犯了难，哪儿去找这个"点主"的主呀？于是，元婶就按着人头数，数到新五房，发现有个"长虹"，在家的男丁中，就数他岁数大，于是就到上屋棣华轩来找到妈妈搬救兵。再往后就是本文开头写的那一幕了。

历史上，一个家族的成败兴衰取决于天、地、人三个因素。19 世纪中叶，清朝政府被迫开放门户、对外通商，嵩年公、心耕公和翼堂公父子三人，抓住发展对外贸易的机遇，利用汉口附近浅山种植茶叶的条件，大力扶植茶农，收购和炒制绿茶，运到屯溪，再转销俄国和欧洲，销量逐年增加，生意一年比一年扩大，可以说是占尽"天时、地利、人和"，友恭堂应运而生。

但是好景不长，20 世纪初，第一次世界大战烽烟骤起，茶叶在国际上严重滞销，而友恭堂还在大力扶植茶农、收购茶叶，以至于茶叶严重滞销，无法归还钱庄的借款，只能停业、破产。

俗话说，"百足之虫，死而不僵"，我童年时的友恭堂，屹立在沄溪边的一排建筑依旧雄伟，友恭堂的盛名在十里八乡依然响亮。其实，友恭堂早已外强中干、走向衰败。又高又大的炒茶作坊，空置了几十年，变得有些阴森恐怖；原属友恭堂的棕房（加工棕绳、棕垫、蓑衣等）、药材店、杂货店、两个切面店以及屯溪街上的一家店铺（大馨杂货店）都被变卖抵债；祸不单行，友恭堂主大厅（瞻云堂）又被大火烧毁。为了活计，友恭堂的年轻男人都背井离乡，被送到外地，或当学徒，或做工，留守在家的多是女眷和小孩。此次“点主”仪式上发生的这一幕，就是友恭堂衰败的写照。

俗话说，天下没有不散的筵席，友恭堂经过百余年的发展，终于谢幕以至寿终正寝。究其原因，一是国际大环境的恶化，二是国家政局的动荡和变迁，三是友恭堂自身成员的分化、瓦解。一帆叔公在世时曾经不止一次用友恭堂从兴盛到衰败这个实例教育后代：要想办成一件事一定要观天时、逐地利、聚人和，不要重蹈前辈先人不谙世事、一味实干的覆辙。

2016 年 12 月写于北京

九、大阜避难记

1949 年一开年就不安定，从淮海战场上撤下来的国民党败军刘汝明部到达屯溪，据说还要往南撤到福建、台湾地区。

从屯溪往南撤退，没有公路和铁路，只有两条古道可选：一条是徽开古道，一条是徽婺古道。走徽婺古道要绕道江西，多出好几百里路，百万解放军在背后紧逼，显然不是首选；于是，徽开古道成了刘汝明部撤退的必经之路。汉口是徽开古道上的咽喉之地，汉口人为此成天心神不定，惶惶不可终日。

到了四月末，终于有一天，听到街上有人大喊：“国军已经出动，现在快到临溪啦!”听到喊声，全村人都立马紧张起来。我们家也按照“预案”，开始行动。

全家除了不满十岁的我，全是女眷：奶奶、叔奶奶、四姑婆、妈妈、大姑姑、小姑姑和姐姐。大家的共识是，一定要优先安置好四姑婆，把她安置好了，大家的行动就没有了后顾之忧。

可怜的四姑婆（程愍生）是我爷爷的第四个妹妹。三岁时，得了一种不明缘由的病，几天高烧以后失去了双脚和左手，凭着父母的精心照料和老天的眷顾，也凭着她自己的超人毅力，总算活了下来。在其后的几十年时间里，她靠着两条小木凳支撑整个躯体，在屋子里，甚至在房屋周围可“走来走去”，但是，稍微远一点，例如去街上的商店，就望尘莫及了。在屯溪上中学的洋学生，星期六下午回家，她见到了总是说：“人就像神仙，上午还在屯溪，下午就到汉口了。”其实，屯溪到汉口只有二十里的路程。

四姑婆知书识字，毛笔字写得很好，她负责记录全家的“豆腐账”（流水账），还经常给奶奶和叔奶奶念古书、古诗，有板有眼，有腔有调，像个老学究，现在我脑子里还有她诵读《乾隆皇帝下江南》的印象。四姑婆还是我们的启蒙老师，她用自己制作的方块字模口授“上大人、孔乙已”。

四姑婆的一生经历过太多的常人难以想象的磨难，她有着超常的意志力和顽强的生命力；在后人的孝敬和帮助下，活到七十岁寿终正寝，不能不说是一个奇迹。这是后话。

大人们早就商议好了，大军真要从汉口通过，第一件要做的事就是将四姑婆送到大阜的一个亲戚家。现在已经事不宜迟，于是请来村里两个熟人，用竹床翻过来权充担架，抬起来就直奔二十里地外的大山而去。

这时，汉口街上的气氛越来越紧张，就听见有人一会儿喊：“到林竹啦！”一会儿喊：“到上马亭啦！到粮富干啦！”我站在大门口附近看热闹，觉得还挺刺激。就在这时，妈妈把一个装着换洗衣服的蓝花布小包塞给我：“去，快去追上四姑婆。”也不容我多说，就把我推走了。我一路小跑，在大胜门附近追上了担架。

我跟着担架，沿徽开古道往南走了十五六里地，在一个岔道口左转，过一座小木桥，沿一条羊肠小道走到尽头，就到了大阜。这里很安全，刘汝明的军队急于逃命，是不会往这个

“死胡同”里钻的。

到了大阜，我们住在“兆公”家。兆公和我爷爷同辈，和四姑婆是堂兄妹，幼年时从汉口友恭堂过继到大阜。主人家的好客和热情，让我们一点都感觉不到拘束。

群山环绕的大阜

大阜地处“横源”，军队是不会来的，但是人们担心可能会有逃兵来这里胡作非为。村里派人到村口放哨警戒，一有风吹草动，我们就躲到兆公家的茶园里。那时候的茶树不像现在那么低矮，一颗颗长的又高又大，枝叶繁密，采茶的时候还要带着凳子。躲在茶树林里，一时半会儿倒也难以被发现。

兆公夫妇养育三男二女，他们是我的堂叔和堂姑。三个堂叔都在外面工作或做工，两个堂姑在家。

大姑巧琴，当年也就十六七岁，却要负担起全家的主要家务，她一天忙到晚，把家整得井井有条，至今还记得她煮的饭特别香。大阜人煮饭和汉口人不一样，她们先把米煮成半熟，捞出来放进一个大木桶，再用大火蒸熟。这样做出来的米饭，软软的、爽爽的、香香的，十分可口，米汤还可以喂猪。后来巧琴大姑迁居汉口，也算是回到了老家。

小姑巧红，岁数和我相当，她领着我在村子里到处转。大阜给我的印象是，出了门就是山，到处都是葫芦扁（河卵石）。1994 年，我在屯溪老五爷家里与巧红姑（老五爷是巧红姑的三哥）巧遇，彼此都完全认不出了，但说起四十多年前的往事，仍历历在目。后来听说巧红姑已经过世，愿她在天国安息。

在大阜躲兵五六天，我们平平安安，没有发生任何不测。确认局势已经稳定，我就跟着四姑婆的担架回到汉口。这次抬担架的人已经换了，据说，先前那两位邻居送过四姑婆后就一直没有回家，估计是半路上让军队抓走了，村里被抓走的还有好几个人，都是被抓去为当官的挑行李，我听了心里好不是滋味。

一回到家，姐姐就对我说："那一天你刚走，妈妈就到处找你，找不到你，把她急得团团转。"后来有人提醒她："你不是让长虹跟着担架走啦?"一句话才将她拉回现实，妈妈是一时急糊涂了。

四月初，屯溪女中就停课了，小姑姑和姐姐回到汉口，家庭是最安全的港湾。这时，妈妈最担心的是在屯溪读中学的家兄长泰的安全。那一段时间，消息、谣言不断，传到妈妈耳朵里的，全是什么"军队在屯溪抓人啦!""军队闯进中学啦!"甚至还有人绘声绘色地说："看见长泰被抓走啦!"妈妈被闹得心烦意乱，成天担惊受怕。直到局势初步安定，长泰回到汉口，妈妈见到真人，才如释重负。

从大阜回到家里，还可以看到兵祸的痕迹，特别是边房"新屋"的柜子给翻了个底朝天。庆幸的是，里屋基本没有受到骚扰，一家人都平平安安。原因是小姑姑和姐姐在读的隆阜女中的校长夫妇住在我们家，据说校长是国民党省党部委员，也跟着部队一起撤退。有这张虎皮做大旗，当兵的当然就不敢造次了。

更值得庆幸的是，几天前被抓去的两位抬担架的邻居，几天后也机智脱险，安全回到家中，要不然还会招来一系列没完没了的麻烦事。村里另外被抓走的几位，包括我一位堂兄就没有这么幸运，直到今天仍然杳无音讯。

老人们在谈到这次“躲兵”中逃过一劫时，都不约而同地用了汉口人最常用的一个词：“祖宗保佑”。

2016 年 11 月写于北京

十、我的老照片

2002 年，编辑《汉口纪事》一书时，程佑军寄来一张照片，嘱我将它插入书中。

这是一张拍摄于 20 世纪 50 年代初期的老照片，由于保护精心，照片的清晰度很好。照片上五个稚气的年轻人，身穿印有“十区学联”字样的背心，凝视前方。照片中的三位已经离开我们多年，他们是值得怀念的好学友。

左起：程守正　李光融　程佑军　孙宝庭　程声通

（一）老学友——逝去的青春

程守正比我年长两三岁，在我们这个年龄段里，他是个小孩头。他读书时酷爱体育，田径、球类都比较精通。在屯溪中学上学时，每逢星期天，他经常借来一个篮球，带着我们一起玩，一玩就是一个上午；有时还带着我们到三马路修车店里租一辆自行车，到体育场去练习。1954 年，他带领我们举办了一次“十区学联运动会”，这在汉口的历史上是从未有过的。高中毕业以后，程守正考取上海体育学院，当时我也在上海就读高中。那期间，我曾经两次去江湾看望他。他的言谈举止无不透露出因为实现了自己的抱负，成为一名体育工作者的自豪。不曾想，上海一见，竟成永别。毕业以后，他被分配到安徽省体委，后来又到了休宁县体委，“文革”期间因病早逝。那些年，我曾经几度回乡省亲，但与他却未曾见上一面。

李光融念小学时曾经休学一年，六年级复学，和我同班。小学毕业后，我们同时进入屯溪中学。也许由于小学时期的辍学，使他懂得求学的不易，学习很用心。初中毕业，他报考休宁中学，如愿以偿。我由于贪玩，考试成绩不好而中断了学业，母亲将我送到叔祖父在上海的寓所，次年在上海考上高中。李得知我在上海继续学习以后，主动与我联系。大约在三年困难时期，他来信告诉我，已经从合肥工业大学毕业，在芜湖某建筑公司任技术员。1964 年前后，他来信说，已经有了未婚妻，是一位护士，长得很漂亮，两人感情甚笃，字里行间充满了对美好生活的向往。不久，噩耗传来，李光融因患不治之症过早地离开了我们。

程佑军完全靠自学成为一名熟练的电气技术人员，他一生坎坷，却充满活力；2009 年走完人生路程。

孙宝庭在徽州师范毕业后，一直在歙县任教，在中学校长任上退休，过着幸福的晚年。

这张老照片勾起我许多美好的回忆，也带来深深的惆怅。家乡门前的小溪里，我们曾经嬉戏；屋后的山坡上，曾经留下我们的足迹；祠堂的教室里，萦绕着我们的读书声；名胜古迹给我们留下太多的记忆。我们在这里启蒙，我们从这里起步。家乡养育我们长大，家乡教会我们做人。我们是一群雏鸟，羽翼尚未丰满，就离巢远飞，闯荡天下。

如今，我们已不再年轻，几十年的岁月染白了双鬓，脸上刻满了记录年轮的皱纹；现在我们不再忙碌，不必再为生活奔波。我们有时间坐下来谈谈天，回忆回忆往日的逸闻旧事。这时候我的脑海里就会出现一张张的老照片。

（二）聚焦模糊的父亲——程家骆

在我脑子里存储的第一张“照片”，是我四五岁时的一件事。那一年，我那失去双脚和左臂的四姑婆（程愍生）开始教我识字，每天教我几个字，识字工具是她亲手制作的方块字帖。有一天，几个字翻来覆去念了许多遍，我自以为学会了，就不想再念，姑婆逼着我一定要再念几遍，以巩固记忆，我坚持不再念。老少两人在争执中嗓音越来越高，惊动了在一旁坐着的父亲（名吉祥，字家骆，号重远）。他见我不听话，敢于顶撞长辈，就用手将我拦腰夹起，大步走到老厨房，抄起一把小笤帚，一边朝我屁股上抽打，一边要我当着姑婆的面再念几遍。我强忍着痛，既不哭，也不答应再念，就这么僵持着。后来还是四姑婆制止了父亲，她也没有让我再念。四姑婆是我们家后辈人的启蒙先生，不管后来受到什么教育，我们都不会忘记第一位恩师。

祖父早逝，家庭生活困难，父亲十五岁离家，在当铺当学徒。他自学文化，能写不错的旧体诗，自学会计也很成功（据一帆叔公说，父亲能用左右手同时拨两个算盘，算同一笔账，互为核对）。抗日战争初期父亲失业回家，因此有了我。后来，父亲进入中国植物油厂工作，由于内战和为了谋

父亲家骆（左）和叔父家骔（1946 年，摄于广西邑宁）

生，在大陆解放前夕去了台湾，并客死他乡。没想到，四岁那年对父亲的第一次记忆，竟成了我对父亲的最后记忆，也是唯一的记忆。

海峡两岸恢复通邮、通商和人员往来之后，1993 年，在台北工作的堂兄程祖培将父亲的骨灰奉回老家安葬，与母亲一起长眠在岐阳山上。

父亲虽然离开很早，我与他却有过几次邂逅。第一次是我 1971 年去上海出差，车站的旅馆介绍所分配我住到福州路江西路的一家饭店。星期天一早，一帆叔公来到饭店，约我到他的寓所吃中午饭，他见到我第一句话就说："你老子（父亲）当年就在这里住过。"他指的是抗战胜利后，父亲曾经在上海工作过一段时间，就客居在此。第二次是 1978 年我去广州出差，住在沙面的胜利宾馆。在广州工作的叔叔（程家骔）来宾馆看我，走进房间的第一句话就是，"1946 年抗战胜利后，你父亲来广州出差，就住在胜利宾馆，我就是在这里见的他。"

不知什么力量，将我们父子俩一次又一次地引导到同一个空间，以补偿未了的父子之情。1993 年我去台湾访问时，祖培兄陪同我到父亲曾经工作过的台北市、台中市以及父亲曾经安息过多年的墓地凭吊。

2010年，儿子程路、女儿程晖和外孙女佳雨去上海参观世博会，也住进了当年父亲和我都曾经住过的酒店。时隔七八十年，一家四代人先后驻足同一家酒店，也是一件值得回忆的事情。

尽管如此，出现在我脑海里的父亲，依然是我四岁时的印象。在我的记忆里，父亲是一张聚焦模糊的黑白照片。

附：父母百年祭（程声达）

父亲程家骆，乳名吉祥，字家骆，号重远。清宣统三年（1911年）农历八月十五日，出生在安徽省休宁县汉口村友恭堂。

太爷和祖父在世时经营茶叶出口。第一次世界大战期间，外贸中断，炒茶作坊歇业，“茶号”破产，负债累累，家里靠变卖屯溪和汉口的家产偿债，生活十分艰难。父亲九岁时，一场大火将友恭堂大厅及我家住屋化为灰烬。三年后，太爷和祖父相继去世，全家的生活重担都压在叔公的身上，还处在少年时期的父亲不得不外出谋生，先后到浙江的嘉善、硖石的当铺里当学徒。不久，日本侵华战争爆发，当铺被日军炸毁，父亲被迫回到汉口，在家待业多年。1939年，经亲友章时纯介绍，父亲进入中国植物油厂任会计。

植物油厂是一个国有企业，机构遍布全国各地。由于业务熟练、责任心强，父亲很快就被提升为主任会计。他经常被派往全国各地任职，开辟新的网点，先后在柳州、梧州、南宁、蚌埠等地就任。当时正值抗日战争，兵荒马乱；父亲颠沛流离，辗转各地。1945年后，他在上海、杭州工作过两年，1948年调往福州开辟新的办事处。由于时局紧张，1948年底福州办事处被撤销。迫于内战，父亲已无法返回内地，无奈之下，几个失业的同事相伴去了广州。

叔父程家骕，抗战初期投笔从戎，随军驻防广西；抗战胜利后在广州安家。父亲本以为在广州可以兄弟团聚，不料想，此时叔父已经随军到了内战前线，音讯全无；婶母带着儿子滞留广州，而且第二个孩子又将出生，生活困难；父亲用解散费接济处在困难中的婶母。由于生活支出过大，父亲在广州的日子很快就难以为继。就在我的堂妹出生后不久，大概在1949年春，父亲不得不去了台湾，寻找老同事。

当时的台湾，政治动荡，经济凋敝；父亲去台后无法找到工作。同去的几个同事便合伙开了一间小店，经销植物油厂的产品，以维持生计。

1959年9月10日下午3点10分（一个黑色星期五），父亲所在办事处因楼下化工原料行失火被烧毁，父亲因逃避不及罹难。据生还者陈某说，当时父亲和他们四五个人都跑到了窗边，准备跳楼逃生。因想到还有重要账本没有带出，折返回去取账本，结果父亲成了此次火灾中的唯一遇难者，时年四十九岁。

从1939年进入中国植物油厂到1959年罹难，整整二十年，父亲只身在外，四处闯荡；最后客死他乡。父亲去世后，一切善后均由在台族亲祖培兄料理。

为了全身心地投入工作，在二十年里，父亲仅在1944年夏和1946年秋两次回过家乡。每次回来，也仅停留个把月，便匆匆返回工作地点。

母亲汪泽瑶，乳名乖巧。民国元年（1912年）出生在距汉口十里的商山村一个大户人家。明年农历十月二十一日，是母亲的百年诞辰日。民国二十年（1931年），母亲十九岁嫁到汉口，和父亲成婚。婚后长期分居两地，母亲在家侍候婆母，抚育子女。

母亲读书不多，但能断文识字、看书写信。母亲性格坚毅，识大体，顾大局；为人厚道，处世谨慎，邻里和睦。

1960年，母亲在上海得知父亲遇难的噩耗，犹如五雷轰顶，天崩地裂。我们真担心母亲当时的处境，然而，母亲却十分坚强，顽强地生活着。母亲的晚年是和我们一起度过的，并照料过我们的每一个子女，为第三代的健康成长倾注了最后的心血；这也许能给她的晚年生活带来一丝宽慰。只是当时我们的住房和其他生活条件不如今天，让母亲受了不少委屈，至今我们仍感到十分愧疚。

1980年6月10日，母亲因脑出血病逝于石家庄空军医院，享年六十九岁。母亲在思虑和抑郁中度过一生。

1993年，祖培兄根据我们的意愿，奉父亲骨灰回到汉口，同母亲合葬一穴。父母生前离多聚少，均客死他乡，万分不幸；如今魂归故里，叶落归根，长眠家乡。他们在天堂里再也不会分开了。

父母一生承受着精神和身体上的重大压力，培育我们姐弟；父母一生忍辱负重，勤奋工作，诚信为人，是我们后辈人很好的楷模。今天我们姐弟三人能够自立，能够为社会做一些有益的事情，得益于父母从小的抚育和教诲。在这里我们可以告慰二老：我们没有使你们失望，你们可以瞑目于九泉。

亲爱的父母亲，在你们诞辰百年之际，在你们出生并度过美好时光的地方，我们来纪念你们，寄托我们的哀思，愿你们安息。

祭　文

父亲吉祥，少年父亡。生活重担，嫩肩来扛。
十四五岁，出门闯荡。当铺学徒，艰辛难忘。
植物油厂，漂泊四方。一干廿载，最终解散。

无奈去台，工作渺茫。同事合伙，经营油粮。
收入微薄，免度饥荒。十春十秋，海峡阻挡。
思念故乡，亲人难忘。日日夜夜，碎心断肠。
梦里几回，泪洒满床。晴天霹雳，祸从天降。
火神肆虐，葬身火场。年方七七，客死他乡。
族兄祖培，料理奔忙。带回骨灰，入土归乡。
母亲乖巧，勤奋善良。孝敬婆母，泽惠儿郎。
父母一生，分多聚少。如今合葬，相聚黄泉。
弥补缺憾，儿女心愿。呜呼！安息九泉。

女：慧姿　子：长泰　长虹
婿：秉涛　媳：新莲　益萱
率子女叩拜

公元二〇一〇年农历八月十五日于汉口

（三）全息照片——一帆叔公

叔祖父程一帆是我们家最有威信的人，我对他既害怕，又敬仰。叔祖父有着高尚的道德情操，他一生为人正直、信义至上；生活俭朴、乐于公益；叔祖父的治家原则是“亲者严、疏者宽；责人严、责己更严”；叔祖父一生不沾烟酒，不近女色，在十里洋场的上海住了一辈子，始终洁身自好；他有惊人的自制力和毅力，在世九十二年，七十五年坚持练习武功，风雨不辍。高中求学阶段，我在叔祖父上海的寓所与他共同生活了三年多。下面记载的是几件小事。

一帆叔公
（1900—1991 年）

叔祖父非常重视后辈人受教育。他不止一次对我说："你太爷（曾祖父）就是因为读书少，不懂得世界大事才破产的。"我的太爷（程文卿）生活在清末民初年间，在家乡收购、加工茶叶，运到上海、广州等地出口到俄罗斯、英国。第一次世界大战爆发以后，太爷还在家乡大量收购茶叶，等到把茶叶运到广州，才知道已经没有了销路，结果老本折光。叔祖父认为太爷缺少知识，招致生意失败，以此激励我努力学习。

叔祖父没有上过大学，但是对一些老牌大学都很了解，我对于大学的最初知识，都是从他那里来的。在升学的问题上，叔祖父为我做出了最为影响深远的一次选择。在经历第一次高中考试的失败后，我有些厌倦漫长的读书生涯，想报考中专，以便早点参加工作。叔祖父知道后，很不以为然。他说："中专培养技术工人，大学培养工程师，你要想以后贡献大，就应该上高中、上大学。"叔祖父并不认为职业有高低贵贱之分，只是希望我能够尽可能多读一些书，多获得一些知识。叔祖父的一句话，影响了我的一生。

有一次，我约了同学星期天上街玩，但到时我患了感冒，不想起床。叔祖父一早练过拳、买了菜回来，以为我还没有睡醒，就提醒我今天有约会，赶紧起床。我说身体不舒服，不想去了。叔祖父说："你不去玩，也要去告诉人家，不能失信。"他的语气，好像没有商量的余地。慑于他的威严，我只好起床穿衣，拖着疲软的身体，步行几里地，到了同学家里。当年既没有家用电话，更没有手机，只能靠两条腿。出乎意料的是，由于走得急，出了一身汗，见到同学时，身上舒服多了，我们玩得很高兴。这一次，我懂得了为人诚信的重要。

叔祖父酷爱打拳，他曾经是上海中华武术会的会长。我到上海的第二天一早，他就把我带到练武场（共用上海蓬莱中学的操场），看来，他希望我能够爱上这一行。我那时候年纪轻，不懂得叔祖父的良苦用心，现在老了，许多慢性病缠身，后悔当初没有中叔祖父的“圈套”。

1989年初的一天，我去上海看望他，他刚刚步行几十里，去虹口看望一个朋友回来，身体有些疲惫，一个武术会的拳友正在给他按摩，年届九旬的他已经老态初显。在谈论往事时，虽然话语不多，却颇有感慨，总是重复着三个字：“都走了”。可不是吗？几十年来，在上海南市弄堂的这间小屋里，他送走了一个又一个亲人。叔祖母、五姑婆、三姑婆、大姑婆、励清姑姑、慧珠姐姐都曾经与叔祖父一同生活过，又都一个一个地离开了他，我是最后一个离开他北上求学的。如今他上了年纪，行动不便，却还是一人独居。八十五岁以前，叔祖父身体健康，一个人独居没有多少障碍；随着年纪越来越高，行动越来越不便，凭着毅力坚持到1991年，他的外孙女济平把他接回家乡。叔祖父在上海的邻居金师母（黟县人）曾经对我说，当年（1958年）我高中毕业时，叔祖父有心想留我在上海继续读书，也可以陪伴在他身边，但是叔祖父本人却从未透露过这种想法。每每想起这些，我心中就会涌起一阵阵自责和内疚。

留在我脑海中的叔祖父，是一张清晰的全息老照片。

（四）记录历史沧桑——叔父程家骍

叔父程家骍年长我二十岁，青年时就读徽州师范学校，毕业后在休宁黎阳小学任教多年。就在我出生的那一天，他离开家乡，投笔从戎，参加抗日。在黄埔军校培训以后，驻防广西，任通信兵。抗战胜利后调防广州，并在那里成家，生儿育女。由于内战爆发，又调防到徐州前线。在一次夜间外出查线时，他的一个弟兄带着他投奔了解放军，那是1948年。他在解放军里担任炮兵学校的教官，至1956年复员到广州。由于人生的历程曲折，叔父总是提心吊胆地经历每一次政治运动，特别是在“文化大革命”中遭受了多年的不公平，家庭生活也因此而一塌糊涂，可以说是妻离子散。“文化大革命”以后，政策落实，叔父才算过上像样的日子。

程家骕（1980 年代）——五十年后重访回地

我第一次见到叔父是在 1952 年，那是他离家十四年以后，第一次回家看望他母亲，也就是我的奶奶，那年我十四岁，是一个不谙世事的初中生。在新建的屯溪电影院，我请他看了苏联故事片“攻克柏林”，还一起在照相馆照了一张二人照。他送给我两个日记本，一个印有毛泽东，一个印有马克思。

第二次见到叔父是在二十年以后的 1972 年，那年我去广州出差，到他教书的广州市第二十六中学找到他。当时他刚从“牛棚”解放出来，住在学校的传达室里。一张单人床、一张破课桌、一个方凳、一张竹躺椅是伴随他的全部家具，桌上放着一个烟灰缸和一把茶壶。由于心情不好，他一根接着一根地抽烟，烟灰缸里堆满了烟蒂。

20 世纪 90 年代以后，叔父的政治待遇和经济条件都有一定改善，几乎年年都回家乡住上几个月，家乡亲人的亲情，使他那颗饱受煎熬的心得到很大的抚慰。

2002年，叔父走完了他的人生历程，带着他的遗憾和满足。叔父八十三岁的一生是我们国家现代历史的缩影和写照，是反映我们民族悲欢离合的系列照片。

（五）支离破碎的记忆——汉口村

20世纪80年代，一帆叔公找出一张珍藏了五十多年的小照片交给我，这是一张三十年代友恭堂的外景照片，是当年他回乡为我父亲主婚时拍摄的。照片画面已经模糊不清，经过电脑处理又重现了昔日友恭堂的真实面目。正是这张照片，时时勾起我对家乡的记忆。

汉口友恭堂素描（作者：侯静）

在我的记忆里，汉口是一个具有丰富人文古迹的地方。除了我们上学必去的程氏宗祠，我最喜欢去玩的地方是上村（村南）的红庙和下村（村北）的观音山。现在，众多的古迹都已经无影无踪，古老汉口村的形象只停留在老人们支离破碎的记忆中。

红庙又称将军殿、无尘殿，位于村子的最南端，通往浙江的大路边上。小时候我一个人是不敢进红庙的，因为那些木塑泥像个个栩栩如生，好像随时都会动起来，开口说话。一进庙门，两侧的哼哈二将，圆睁双眼，手中的锤和剑似乎就要向你劈来。两侧走廊里供奉着几十尊菩萨，众星拱月般护卫着正殿上的红脸、黑脸二将军和一位年轻的太子。红脸将军温文尔雅，显得十分亲近，但紧挨着他的黑脸将军满脸杀气，又让你敬畏三分，我始终不敢靠前。只有在每年的正月元宵节，人们抬着红、黑将军和太子出来看龙灯时，我才敢凑近前去，近距离看看他们的长须，但还是不敢正视他们的眼睛。转过正殿，是一尊滴水观音塑像，菩萨手中的宝瓶流出的滴滴甘露来自庙背后的山泉。

观音山地处璜源水和珮琅水的汇合处，在村子的最北端，两水汇流以后称为汉水，逶迤北去，汇入新安江。

观音山上建有观音殿，自然是供奉观音菩萨。高高的台阶，拾级而上，殿内的陈设已经记不清了，只记得殿前的长廊上陈列着许多铜铸的大鼎和大缸，还有仙鹤与鹿，很是精致。从这里南眺，可以看到汉口村的全景。弯弯的溪流、青青的山岗、高高的屋宇、袅袅的炊烟，好一个恬静、和平的山村。

我之所以喜欢红庙，是由于它的神秘；观音山之所以吸引我，是因为它依山面水，可以登高望远，鸟瞰可爱的家园。

汉口历来有保护环境的传统。封山育林、封河禁渔都是约定俗成的村规。回春堂中药店前面河里的鲤鱼有一尺多长，来回游动，好不威武。各种树木满布全村，除了房前屋后无处不有的栗子树和乌桕树，我记得最清楚的有后田的鸭脚（银杏）树和我家菜园里的桂花树。硕大的鸭脚树所结的果实，足够全村人尝新；而桂花树花开的时候，满村子都可以闻到它的馨香。上村和乐厅旧址上有一片果园，盛产桃子、李子等水果。后山（俗称“天上”）上还有一棵奇妙的栗子树，它长出的果实有一股桂花香味。

以前汉口的古迹都是无人值守的，却没有听说哪一处古迹遭到过人为破坏，或哪一件公物被人盗走。可见汉口民风淳朴、生活安宁。令人不无遗憾的是，随着时间的流逝，这些古迹和自然遗产已经荡然无存，甚至连一张照片也没有留下。

旧时的汉口民居大多是白墙黛瓦、四水归堂的徽派建筑，体现了天人合一、序尊卑长幼的传统道德观念；村庄道路布局、街巷组团有序，适合农业社会的劳作与生活。但是，从今天的观点来看，汉口的老建筑缺乏足够的舒适度，街道狭窄，行车不便。

人们为了追求更加现代化、更加舒适的生活，纷纷建起了新房，这是社会进步的表现。但是很多新房只追求生活舒适，缺乏建筑的地方特色；没有全村的整体规划，房屋选址缺少前瞻性，有的建在了不该建的地方，可能成为今后进一步现代化建设的障碍。汉口的公用事业缺乏管理和投资，没有完整的道路系统，更没有下水道等公共设施；损害和破坏环境的事情屡屡发生。

汉口的发展到了一个关键时期，保护生态环境、贯彻科学发展战略已经刻不容缓。

2004 年春节记于北京
2017 年 10 月修改

十一、山村有能人——汉口就医记

事情还要从十六年前说起。1995 年秋季的一天，因上楼不慎扭伤右腿膝盖，一阵阵钻心的疼痛使我寸步难行。在孩子们的搀扶下，我一瘸一拐来到校医院，大夫给我开了个处方：一包伤湿止疼膏，贴上以后，感到丝丝凉意沁入骨肉，疼痛稍减。

止疼膏治标不治本，只见膝盖一天天肿大，就像发面馒头，脚一着地，就疼痛难忍，只好又去找医生。这次去了一家大医院，先拍了张膝部照片，医生就着X光照片对我说："你看，关节里面密密麻麻长满了骨刺，骨刺磨破了骨膜，引起滑膜炎。"接着，大夫不无感慨地说："你要是长一两个大骨刺，可以用手术剔除；现在满是小骨刺，无从下刀啊。"我听了有些着急，难道以后的日子就只能拖着这条病腿？再拄个拐杖，岂不成"铁拐李"了？

我当时的工作很忙，除了讲课、做研究，还时常去国内外出差。医生见状，忙安慰我说："你不要着急，现在有一种特效药——滑膜炎冲剂，你回去以后安心服药，再辅以理疗，慢慢会好的。"我为此还买了一个小型理疗仪，不管我走到哪里，伤湿止疼膏、滑膜炎冲剂和理疗仪就成了我随身携带的三件宝。

时间一天天过去，伤湿止疼膏不知贴了多少张，滑膜炎冲剂不知服了多少剂，理疗不知做了多少次，膝盖的伤情未见任何减轻。拖着一条病腿走南闯北，其痛苦程度自不堪言。

国庆节放假期间，我回到黄山市汊口村老家探亲访友，住在上村朱济平表妹家。表妹看着我的病腿说，邻居余广开、程金玉老两口有治疗关节病的经验，何不一试？我因为自幼离家外出求学，许多乡亲都不认识。表妹告诉我，余、程夫妇俩承袭祖传知识，用中草药热心为乡邻治病，早年还曾经为北上的新四军伤员疗过伤。

对于邻居能否治好膝伤，我不抱信心。心想，北京的大医院都治不好的病，一个土医生管用吗？抱着"死马当着活马医"的想法，还是试试吧。第二天，表妹就从邻居那里求来一包草药，打开一看，是一团剁碎了的、饱含汁液的新鲜青草，还散发着沁人的清香。按照邻居的嘱咐，用酒酿作药引，按一定比例搅拌均匀，糊在病腿上，再缠上砂布。

由于假期结束，第二天我就离开家乡。过了数日，裹在膝盖上的药物逐渐风干，纷纷掉落，除了皮肤泛红，没有其他反应，我写信将这些情况告知两位邻居。表妹来信说："邻居说了，皮肤泛红就表示有希望，可能需要连敷三剂，才能解决问题，有机会再试试。"

拖着病腿捱到了第二年的金秋季节，我又回到家乡。这次，我多告了几天假，要在汉口做完三个疗程。一到汉口，立即开始治疗。敷过第一帖，三四天以后皮肤泛红，且感觉刺痒；敷过第二帖，膝盖上出现许多小水泡；敷过第三帖，小水泡变成大水泡，颜色有黄有红，估计黄的是组织液，红的是瘀血。假期结束离开家乡时，两位邻居还给准备了一副新鲜草药，带回去继续贴敷。

由于旅途劳顿，回到北京时，水泡已经破裂，组织液和血水染湿了衣裤。可是，奇迹出现了，大约一周时间，膝盖开始消肿，疼痛慢慢减轻；再过大约一个月，疼痛感完全消失，皮肤上只留下一块块色素沉积；半年以后，皮肤色泽完全恢复，困扰我一年多的顽疾就这样戏剧性地治愈了，只用了三副草药。

时间过去了二十多年，膝关节的毛病从未再犯，再次去医院检查时，发现骨刺竟然都消失了。腿脚利索了，感到无比轻松，心情也分外愉快。我每每想到这里，一种对家乡的感恩之情、对乡邻的感激之情便油然而生。

几年后再次回到家乡，表妹告知我，余广开大叔和程金玉大婶都已先后作古。值得庆幸的是，他们的后人已经继承了这份珍贵遗产，继续为乡邻的健康做贡献。

2011 年 10 月于北京
2017 年 8 月修改

十二、六十年的轮回？手枪事件及其因果

这个故事跨越半个多世纪，曲折离奇，发人深思。希望后辈人都能够像妈妈一样宽容豁达、与人为善，不管周围环境如何变化，做一个好人总是没错的。谨以此文纪念妈妈，纪念灶和叔。

（一）20世纪50年代　风波骤起

1951年上半年，我还在上小学，一天下午放学回家，奶奶告诉我："你妈遇到麻烦事了，现在在天上（后山），你快去看看她。"我问："出了什么事？"奶奶说："你快去吧，到那里就知道了。"

我一溜小跑上了后山，只见在不远处的小池塘边围了许多人，有两架人力水车正在往外车水，估计已经忙乎了好一阵子，池塘里的水已经快要见底。池塘边的人大多是看热闹的，互相交头接耳，在议论着什么。

妈妈站在圈子外面的一棵大树下，两眼直直地盯着池塘。我见到妈妈以后忙问："妈，出什么事了？"妈妈只说了一句："都是你大郎（兄长）惹的事。"她就再也不作声了。我看到妈妈一脸凝重，也就没有再问。

山坡上有许多水塘，梅雨季节，池塘蓄满保命水，留待伏天干旱时用，每一个水塘可以灌溉好几亩地。当时正值六月天，水稻秧苗扦插不久，我看到池塘里的水源源不断被抽出，下游已经有一些稻秧被水流冲得七零八落。

池塘里有三个人在泥里摸索，其中有一个是老邻居灶和叔（友恭堂的人不分老少都称呼他灶和哥），好像在寻找什么，三个人的腿都陷在淤泥里，艰难地移动着。摸着摸着，只听灶和叔轻轻地喊了一声："我踩到了，踩到了。"他小心翼翼地从脚底下掏出一个比手掌还要大的家伙；他把那家伙在水里涮

母亲汪泽瑶（1964 年，北京）

了涮，我看清楚了，是一把手枪，比我们平常玩的木头手枪要大一些。

灶和叔把手枪递给池塘边上一个人，那人又递给岸上一个干部模样的人。这个人拿着它，走到妈妈跟前说：“你看看，是不是它?”妈妈轻轻答道：“是它，没错，是它，真是祖宗保佑。”那人严肃地对妈妈说：“算你运气，这把枪我们把它送到县里，有什么事以后再找你。”妈妈心不在焉地答应着：“好的，好的。”

枪是捞上来了，现场还有好多事要处理，整修田埂，填平临时水渠，还要把被冲倒的水稻秧扶正。妈妈给帮忙的邻居递上两包香烟，一再道谢。

看到从池塘里捞出一把真枪，我又惊又怕，一句话也说不出来，扶着妈妈往回走。这时，有一个人走过来对妈妈说：“你看这一池塘的水都干了，要是不下雨，伏天浇不上水，稻秧干死了，你可要赔啰。”妈妈连忙回答：“当然，当然。”

回到家里，妈妈愣愣地坐在房间里，晚饭也没吃，话也不愿多说，特别是对我这个什么都不懂的屁孩。后来，我还是零零星星地知道了一些情况。

一天，妈妈从大衣柜里发现一把手枪，她一下就想到，准是长泰捡回来的。妈妈胆小怕事，拿着它就像一个烫手山芋，立即找到邻居灶和叔，拜托他扔到“天上”的池塘里。

第二天一早，灶和叔牵着一头牛就去了“天上”，一边放牛，一边捡起几个石头子儿打水漂，顺手就把手枪扔进了池塘。这件事妈妈对谁也没讲，生怕人多嘴杂、生出是非。

世界上的事情就是这么怪，越怕什么，就越来什么。1951年初夏的一天，乡政府来了两个人，拿着一封信对妈妈说：“你儿子都交代了，快把手枪交出来！”妈妈一看，来人气势汹汹，既然儿子已经交代，也不再隐瞒什么，就将发现手枪和处理过程说了一遍，还特别强调是她自己扔进水塘的。乡政府的人看妈妈说的不像假话，就让她抓紧时间把手枪找出来，交到乡政府。第二天，妈妈就去请灶和叔帮助捞枪。

此后很长一段时间，妈妈总是闷闷不乐，但从没说过埋怨哥哥的话。倒是我觉得哥哥做得不太妥当，这也不像他的处事风格，搞得妈妈又被动、又难堪。

乡政府拿走手枪以后，再也没有找过妈妈，说明事情已经过去；天公也算作美，几天后的一场透雨，把干涸的池塘灌得满满，给妈妈带来些许慰藉。

在汉口村，“手枪事件”也算是一件不大不小的新闻，事件慢慢平息以后，有人告诉妈妈，乡政府拿到的那封信本是长泰寄给你的，是你们友恭堂的一个人拿走了，可能就是他把信交到乡政府了。

从邮政代办所拿走长泰来信的，是我的一位堂叔，友恭堂六房的兴祥，他幼年时父母双亡，由叔父抚养长大。十几岁时，一帆叔公介绍他去上海当学徒，新中国成立后工厂关闭失业回家。由于祖传地产被上辈人变卖，落得一个好成分，他就被吸收参加了土改工作队。土改结束后，他还没有找到新的工作，整天在街上游荡。

枪支事件之后，堂叔兴祥很快就被县机关录用，几年后就当上了县粮食局局长，年年被评为先进。在他担任粮食局局长期间，全县饿死许多人（当然，饿死人的责任不能全归到他身上）。可能自己觉得心里有愧，到了县机关以后，他从来不见家乡人，特别是友恭堂的人，每次回乡（堂婶还住在村里）都是“两头黑”。

左轮手枪图

手枪事件对妈妈的伤害不轻，但妈妈对谁也不说，而是深深埋藏在心底，也从没有表示出对兴祥的怨恨，与堂婶相处一如既往地融洽。1977 年，妈妈来京不久，接到大姑姑来信说，兴祥退休后想借住妈妈走后空置的房屋，问妈妈是否同意。妈妈满口答应，可我心里总有点疙瘩。后来因为兴祥推迟退休，借房的事就作罢了。

1980 年，妈妈因脑出血在石家庄去世，带着太多的遗憾和委屈；十年后，哥哥将妈妈的骨灰归葬老家汉口。

（二）20 世纪 90 年代　旧事重提

1991 年初，一帆公（我的叔祖父）的外孙女朱济平把他从居住了七十多年的上海接回老家，一周以后寿终正寝。家兄长泰从芜湖赶回去，为他送终和料理后事；等我赶到，丧事已经处理完毕。

叔祖父和妈妈等先人的墓地都在后山，在祭扫了先人的坟茔以后，我转到后山水塘边，四十年前车水捞枪那一幕立刻浮现眼前，于是顺道来到灶和叔家。

灶和叔姓查，老家在汉口南面五里地的长潭村。20 世纪 30 年代，由于人口增加，居住拥挤，灶和叔的父亲到汉口来借房。当时友恭堂的茶叶生意破产，正好有房屋空置，就将最南端一个院子借给查家，条件只有一个，就是帮助没有男人在家的五房担水，这件事就落在灶和叔肩上。

灶和叔当年刚满十岁，每天清早从河里挑来清水，灌满水缸。小伙子老成、朴实，家里的老太太们都喜欢他，特别是奶奶。奶奶有两个儿子：我父亲和我叔父。父亲十五岁就外出学徒，叔父在外地上学，抗战期间，投笔从戎。抗战胜利后，叔父（在广州）、灶和叔分别娶妻生子，两家各四口，性别和年龄都完全对应。奶奶常说，见到灶和叔一家就像见到意祥（叔父的乳名）一家。

现在，灶和叔虽已年过古稀，依然精神矍铄。当我问起当年捞枪的事，他就给我慢慢道来，事情过去四十年了，有些情节从没对人说起过。

灶和叔和本书作者（1999 年，汉口）

灶和叔告诉我，那封信确实是长泰寄给妈妈的，信封里面装着两封信，一封是写给妈妈的，让她把他捡到的那把手枪赶紧交到乡政府；另一封是写给乡政府的，说他在家时捡到一支手枪，后来从（屯溪）学校参军匆匆走了，没有来得及回来处理。要是妈妈先见到这封信，也就不会发生后来那些麻烦事了。

那封信也确实是兴祥从代办所取走的，取走时还打了招呼，说是给妈妈捎去，当时在代办所里有好几个人都听到了。

这封信厚厚的，看上去与众不同，也许出于好奇，他就私自将信拆开了。一看内容，不得了，私藏枪支！眼下正是“镇压反革命”的高潮，这可不是小事，于是他立即掉转头，直奔乡政府而去。

乡政府的人走后，妈妈就找到灶和叔，求他找几位老乡把枪再捞出来。灶和叔笑笑说：“那天捞枪，我就是在演戏，枪明明是我扔的，还要装作不知道在哪里，先下去瞎摸一通。”我说：“这件事，让你担了很大风险。”灶和叔说：“当时也不觉得有多可怕，倒是后来运动一个接一个，一次比一次厉害，真有点后怕。”

我对灶和叔说：“事情过去几十年了，妈妈早已过世，真不知如何感谢你！”灶和叔只是淡淡地说了一句：“你妈妈这辈子也真不容易。”后来又补充一句：“你们家在村里人缘好，要是换一家也许就没有这么好过了。”

进入21世纪，那些令人不愉快的事渐渐被淡忘，即使再提起，也就相当于说一个故事，但故事还在继续。

（三）21世纪初　故事续篇

兴祥早就去世了，故事在我和他的后人之间继续。

如雪（化名）是兴祥唯一的女儿，生育两个儿子，次子程小祥（化名）随妈妈姓，是我的堂外甥，也算是堂侄，在北京武警部队当兵，马上就要复员了。

有一天，堂妹如雪找到我，要我为她儿子在北京谋一个工作。我告诉他，我这里是清水衙门，没有任何门路。我说的话，如雪好像一点都听不懂，她脑子一根筋，死缠烂打，盯住我不放；她专为此事找过我三次，还通过我姐姐求我。不管我说什么，他就是一句话：“长虹哥，小祥就交给你了。只要能留在北京，做什么都可以。”

前几年，如雪患上乳腺癌，在屯溪医院做手术时，我和长泰去看过她，现在还处在恢复期，看到她这种无私的母爱，又让我心软，我实在无奈，就答应试试看。

我说的“没有任何门路”是实情，我没有这方面的任何资源。十年前，表弟朱乐琦表示要来北京发展，求我帮忙，我婉拒了，不是我无情，实在是没办法。这次拒绝如雪，还有一层原因，就是他父亲当年私拆妈妈信件邀功的事，是横在我心头的一堵墙。所谓“手枪事件”，如雪可能压根儿就不知道，我又不好明说。现在看来我当时真应该将五十年前的事告诉如雪，让她死心，也不至于后来悔之不及。

既然答应了“试试看”，再难也要去试，于是找到我以前的学生、留校工作的小金老师，他听说是我外甥的事，也没多问就答应了。巧的是他们单位正要招收合同制人员，就让程小祥去面试。小伙子给大家的印象不错，就被录用了，担任学校与地方合作联络员，常驻无锡。

程小祥中专学历，虽说在部队锻炼了几年，文化素养提高有限，现在接触的都是专家、学霸级人物和前沿科学知识，我担心他不能适应，会产生自卑情绪。为数不多的几次见面，打消了我的顾虑，没有发现他有任何的自卑，倒是感到他有些自负。受到周边环境的影响，他有所追求，报读了在职研究生，我们也为他高兴，但是他对学业的过分自信和自得，使我不免有几分担忧。他的底子是中专学历，一下子跳到硕士研究生，没有超乎常人的刻苦不可能达到目的。

几年以后，程小祥在北京找了对象、成了家，小两口买了一个一居室的住房，还添了一辆小轿车；对自己的未来也有一些规划，无论生活还是工作，似乎都是顺风顺水。

事情的发展还是出乎意料。一天，突然接到小金老师的电话，告诉我程小祥出事了。公安局的人找到清华，说程小祥同时申请了好几张信用卡，拆东墙补西墙，欠了银行很多钱，涉嫌信用卡诈骗。银行已经向公安局报了案，公安局找到学校，如果学校出面还债，可以免予起诉，否则要受刑事处罚。由于事件性质完全属于个人，与单位和工作无关，学校不能承担责任；再说小金老师通报我的时候，程小祥自知理亏，已经申请离职。

我的脑袋简直要炸了，首先想到的是给小金老师带来的被动和难堪，我把人家坑了。我从来没有求人办过私事，仅此一次就砸锅了。我也后悔当初为什么不横下心，彻底拒绝如雪？前几年，堂妹如雪因乳腺癌复发去世，她要是知道这个消息，该多么伤心。

妻子益萱提醒我，还是要关心一下小祥，但是他的电话已经拨不通了，不知是改了号码还是不便接听。好在他还年轻，可以从头再来，愿他好自为之。

堂妹如雪已经去世，程小祥的父亲已经再娶，和他们一家失去了联系，至今不知案件的结局。

（四）世事难料　因果早定？

把六十多年前的“手枪事件”和今天的“涉嫌信用卡诈骗案”联系起来，就是一条故事链。我一直不相信世界上有什么“因果报应”，更不相信什么“隔代报应”，但是实际生活又让我深深困惑：先人做的一件失德事，为什么非要在一个无辜的后人身上报应？如雪为什么非要让她儿子在北京找工作？我一再推辞，为什么还是答应试一试？莫非冥冥之中有一种超力量在控制？我陷入深深自责：不是程小祥坑了我，而是我的“恻隐之心”害了他。

我亲历了“手枪事件”，又亲历“涉嫌信用卡诈骗案”，成了这个故事链条的主导线索；如果说，这种报应是通过我来实现的，我岂不是小人一个？呜呼，我的初衷完全是以德报怨，却不想弄巧成拙，谁在编剧？谁在导演？

我不想谴责任何人，只希望妈妈在天之灵能够原谅我，妈妈若在世，肯定不愿见到如此结局。妈妈宽容豁达、与人为善的人生态度永远是我和后辈人的榜样。

希望程小祥能从这件事中吸取教训。他还年轻，放下包袱、轻装前进，还是有前途的。

2017 年 2 月 3 日五改稿
2017 年 8 月修改

附：手枪风波（程声达）

程声达（1955 年）

事情还得从抗日战争时期说起。那时我刚上小学，1941 年冬季的一天，一队国军路过我村南下，当晚约有一排人住在我家上谷仓。第二天一早他们离开时，我便去拣遗弃物，如子弹壳之类。忽然，我在一个角落里发现一个皮套，打开一看，是一支精致的手枪（后来我才知道，是一支左轮手枪）。当即拿去给母亲看，母亲吓了一跳，二话没说把枪给没收了，并不准对任何人说起此事。就这样，这支枪的事，除了母亲和我，谁也不得而知，包括我家其他人。久而久之，竟把这事全给忘了。

1951 年初，抗美援朝，我来到中国人民解放军空军笕桥预校，在思想改造运动中，我突然想起十年前在老家拾到的那支枪，觉得是个事，便向指导员做了汇报。指导员看我年纪小，不会说谎，就给我出了个主意：为了不拖累你妈妈，就当她不知道这件事，让我给妈妈写封信，把枪找出来随信一并交给政府，并附封信给老家政府，说明这支枪的来历和情况，不会有什么事的。我想也是，就照办了。

我以为这事都解决了。后来我才知道，当时这封信被我的一位堂叔拆看了，并背着母亲，直接交给了乡政府。结果，弄巧成拙，造成妈妈很大被动、压力和负担。这使我一辈子都不能原谅自己。

事也不巧，在这之前，母亲已经觉得家中有支枪不妥，便委托邻居灶和哥把枪扔进水塘了。政府看了我那封信后，要求母亲从水塘中取出手枪，以便证实。在当时没有电抽水机的情况下，要抽干一池塘水，谈何容易？又是灶和哥帮忙，找了几位乡邻，硬是用手摇水车，抽了多半天才把水抽干，然后下到污泥中去摸。围观的人都为母亲捏一把汗，母亲也很紧张害怕，万一找不到就不好交代了。没多久工夫，把那支锈迹斑斑的手枪摸了出来。乡亲们都对母亲报以信任的眼光。母亲也松了一口气，一块石头总算落了地。

当时，有人担心，池塘里水干了，如遇春旱，庄稼将会歉收，母亲将要承担损失。总算苍天有眼，当晚下了一场暴雨，灌得满满一池水。

此后，无论是当地政府还是我们单位，再没有提起此事。直到 1956 年底我回家探亲，邻居灶和哥告知原委，我才知道事情的全部真相。

后来，母亲告诉我，要不是灶和哥帮忙，就是满身是嘴，也很难说清楚。由于我的过失，害得母亲担惊受怕，心里十分内疚，至今也无法抹去。还得感谢灶和哥，是他前前后后把此事办得如此完满。如今，妈妈、灶和哥都已作古，我只得默默把他们记在心里，永远、永远。

十三、汉口人过大年

汉口人过大年（夏历新年）隆重无比，从腊月初八一直忙到次年正月十八。

腊八前后，家家开始宰杀年猪、做米粿、裹粽子、做酒酿、腌白菜、打扫厅堂、送灶王爷……一句话，忙着过年。

养了一年的猪又肥又壮，宰杀以后分部位腌制：两条后腿是精华，腌过以后要反复晾晒，有的还要烟熏，制成火腿，既味道鲜美，又可以长期保存；两条前腿称为胛，还有肋条、脊梁（里脊）肉，等等。腊月二十六“拆猪头”，将腌过的猪头分部位切割，猪头肉香而不腻，不同部位有不同的滋味；拆猪头时，小孩子都围在刀板前，讨一些碎肉解馋，好肉是留给祖宗“吃的”。

年粿是用上等大米粉加工的，有专门用于加工米粿的模子，手艺好的老人会捏出小兔、小狗等小宠物，特别招小孩喜欢。

徽州裹粽又叫枕头粽。徽州山里出产的箬叶，又宽又韧，包出的粽子四角尖尖，个大饱满。豆沙粽里面嵌着一条猪板油，糯米用稻草灰的汁水浸泡过，煮熟的粽子又软、又甜、又香；还有肉粽、红豆粽、灰汁粽，林林总总，各有千秋。

各家各户都要准备花生糖、芝麻糖、冻米糖、炒米糕等，很多人家都是自己制作；大户人家一般都有族田，由族内各户分年头管理，司年户还要准备很多“巧饼”（一种糖馅芝麻饼），过年祭祖时分给众人。

制作年货时，左邻右舍的主妇都会前来帮衬，大家聚在一起，有说有笑，热热闹闹，效率也高。

到了腊月二十六，在厅堂上挂起大幅祖宗画像卷轴，摆上三牲、果品、酒水，迎接祖宗回家过年。迎接祖宗的仪式是家族的族长或长者率领男女老少，双手持香，到门外空地上，朝着祖宗坟茔的方向三作揖，袅袅香烟象征家人与祖宗联系的信使，回来将香插在画像前条案上的香炉里，表示祖宗已经回到家中。

汉口人有信佛教的、有信道教的，真正的教徒不多，但每家厨房里都有一个小神龛，里面供奉灶王爷。神龛里的神像有两位：灶王爷和灶王婆。神龛两边贴着“上天言好事，下界保平安”，横批是“一家之主”。腊月二十三，揭下旧神像，一把火就将灶王爷送上了天；到了年三十，再贴上一张新的。

友恭堂（六房）的祖宗容

腊月二十六开始准备年夜饭，为了一顿年夜饭，主妇们要忙上好几天，汉口人平常过日子很节俭，但年夜饭却有点“铺张”。满满一桌菜中，有四个是必备的：

火锅全家福，火锅里填满了肉丸、豆腐角（油豆腐）、蛋饺、冬笋片、火腿肉、粉丝，炉膛里燃着红红的炭火，寓意全家团聚，日子红火。

清炖如意鸡，一只整鸡，配以火腿、香菇、冬笋，用砂锅炖熟，表示全家人一团和气、吉祥如意。

红烧鱼，鱼的食材，视主人的偏爱，可以选用鲤鱼、草鱼、或腌鲜鱼（臭鳜鱼），但必须是整鱼，象征有头有尾；有的人家要留到年后再吃，表示年年有鱼（余）。

蒸葛粉圆子，以葛根粉为主料，配以火腿丁、香菇丁、冬笋丁、鲜鸡汤，搓成如乒乓球大小的球球，用大火蒸熟。葛粉圆子滑韧软香，口感极佳，有“团团圆圆”之意。

吃过年夜饭，小孩子就迫不及待地提着灯笼到亲戚、邻居家去“辞年”，还可以“赚回”一笔压岁钱。汉口人在大年三十有“守岁”的传统，燃起红蜡烛，一家人围着炭火盆聊天。一年忙到头，好不容易聚在一起，大家都很珍惜；精神好、身体壮的人还要熬过通宵，俗称“守岁”。守岁的用意是珍惜时光，其实也是为了安全，年三十之夜，到处点灯、燃炮、放花，要小心火烛、提防火灾。

火锅全家福

清炖如意鸡

红烧臭鳜鱼

蒸葛粉圆子

大年初一的主要事情是在家族内部拜年。首先是向祖宗拜年。清早，族中男子要到祖祠向先辈祖宗拜年，然后回到家中向直系祖宗拜年，向祖宗拜年的仪式是在祖宗容前燃香，行三跪九叩礼，参加祭祖的人每人可以得到一对巧饼。

轮到小辈向长辈拜年时，长辈们端坐客厅上方，笑容可掬，小辈们一跪一叩，嘴里还说着："某某给您拜年啦"和其他一些祝福吉利的话，长辈人一边接受礼拜，一边说着："不敢不敢，一双巧饼"（汉口话里，"敢"和"饼"同韵），随手递给小辈一双巧饼。平辈人之间的拜年方式是抱拳拱手，互道"过年好"。正月十八之前，首次见面的熟人都要互道"过年好"，过了这一天，就无所谓了。

过年这几天都要说吉利话，最常用的两个字是："恭喜!"

大人们都会向小孩传授过年的礼仪。正月初一，家家都不扫地，任他满地花生瓜子皮，理由是这一天是扫把的生日，要让它休息，实际上是除夕夜熬了个通宵，借故偷个懒罢了；也有的说法是，家庭主妇们一年忙到头，大年初一放假一天，包括初一不动刀、不做新鲜饭菜，都是这个意思。

大年初二开始，亲戚朋友间相互拜年，茶叶蛋是待客的必备点心；用红包糖（一种用红纸包的芝麻酥糖）、花生、瓜子和各种自制的糖果摆成果盘，再沏上一杯热茶，让客人感到温馨。

元宵节舞龙灯是过年的重头戏。徽州有的地方舞“软龙灯”，更多的是舞“板龙”。汉口的板龙由一块块长约三米的木板连接而成，由一个竹篾编扎、彩纸糊成的硕大龙头打头，后跟着好几节龙腰，最后一节是龙尾，中间由几十、上百节灯笼组成。元宵节上灯时分，板龙从上村头的将军殿出发，沿大路往北，经过大胜门、圆门洞、友恭堂、汪家坦、树德堂、水楼上，然后到麒麟桥，再穿过长巷、过下村桥、沿河西大路一直往南，经观音堂、过红庙桥，回到将军殿。每到开阔地都要表演一番，或原地转圈，或上下翻飞，锣鼓喧天、鞭炮齐鸣，煞是精彩。

板龙的龙头

像汉口这样的村子，每年要过上、中、下三个元宵节，分别是正月十三、十五和十八，过一次年可以观看三次龙灯。每年耍龙灯时，“将军殿”里的神像都要被请出来，坐在轿子里，跟随龙灯走遍汉口，与民同乐。参加舞龙灯的都是村里的青壮年，没有好的体格，不可能坚持到底。

汉口的龙灯制作人程同华（昵称“聋子华”）是个多面手，不仅会制作龙灯，平时还为人承办婚丧嫁娶，红白喜事；他经营两顶轿子，一顶是平时用的“青轿”，一顶是接送新娘用的“花轿”。

汉口人称正月初一为“初一朝”，正月十八为“十八朝”。到了正月十八这一天，送走祖宗，收起祖宗画像，妥善保存，待来年再挂。

过了“十八朝”，大年才算过完，人们带着欢愉的心情投入春耕准备。

写于2017年春节前夕，北京

十四、《梦回汉口》后记

《梦回汉口》是作者2016年写的一本小册子，记述了汉口村的自然景观、社会人文概况和文物古迹的变迁。

2003年，程佑军来信邀我参加编写《汉口小学同学回忆录》，我欣然允诺，并主动承担了编辑、出版事宜。后来，根据来稿的内容和作者的构成，将书名更改为《汉口纪事》。在汉口小学几代校友和乡亲们的共同努力下，《汉口纪事》一书于2004年5月问世。这是继刘双根的《汉口上村志》之后，又一本反映汉口村情村貌的文集，体现了每一位作者发自内心的对家乡的热爱。

为《汉口纪事》做出突出贡献的两位老人，一位是土生土长、一辈子献身汉口的刘双根，一位是从小背井离乡但从不忘记家乡的程佑军，如今都已经作古。四百多年前，明代散文学家归有光老先生赞扬汉口第一本志书《汉口志》编写人程汝玉的话，用在他们二位，特别是刘双根身上再合适不过了。归有光写道："汝玉之所存可谓厚矣，盖君子之不忘乎乡而后能及于天下也"，又说："汉口一乡之汝玉能为其山水增重也"。刘双根和程佑军是汉口的好村民，他们"之所存可谓厚矣"，他们是为汉口"山水增重"的好前辈，这本《梦回汉口》也是对二位先人的纪念。

我这一辈子接触的人不算少，但像汉口人这样眷恋家乡、思念故土的却不多见。古时候汉口人不论在外经商，还是为官一方，心里都惦记着这片山水，历史上留下很多赞美、讴歌汉口的诗句就是最好的证明。从古到今，不少人在外学了本事、挣了钱，回到汉口来建设、服务。如今，在新一代汉口人的努力下，汉口的面貌正在发生变化。

是什么原因使得汉口人对家乡如此眷恋？是汉口的好山好水吗？是，也不是，山水美过汉口的地方比比皆是；是家乡的美食佳肴吗？是，也不是，四面八方都有口福可享；是汉口的气候宜人、生活安适吗？是，也不是，四季如春、经济富过汉口的地方不知其数。那么，原因到底何在？

思考再三，我觉得是一种特有的人文传统和社会道德，把汉口人和汉口这片热土牢牢地联系在一起，在一代又一代人身上打上了深深的烙印。在汉口这块土地上出生、成长的汉口人都有着相同的文化基因：厚德责己、勤俭守信、孝悌礼让、重文尚武。

汉口人的文化基因是如何形成的？当然与汉口的地理位置、水土环境有关，但更为重要的是汉口的人文传统。这种人文传统不是一蹴而就的，是汉口的先人们经过千百年的社会实践和历史积累，一代又一代的潜移默化和发扬光大而形成的；汉口的先贤们在形成汉口的文化传统和社会道德中所起的作用居功至伟。

《汉口纪事》封面（2004 年）

《梦回汉口》封面（2016 年）

汉口村过去的辉煌得益于一贯重视知识、尊重传统和尊重文化，包括尊重文化人；也有一段时间，由于鄙视知识、藐视传统，汉口村积累了上千年的文化遗产被破坏殆尽，村民也因此尝到了苦果。做一个有理想、有文化、有教养的“新汉口人”，应该成为全村的共识。汉口的年轻一代比历史上任何时候都有更多的发展机遇，希望他们更多地了解汉口的历史，继承和发扬汉口人的优良传统，从历史中汲取动力、努力进取，报效家乡，报效祖国。

从前，汉口是一个比较封闭的宗族制社会，价值观念比较容易统一，人文传统和社会道德也比较容易维护。随着宗族社会的瓦解，特别是社会的开放，越来越多的汉口人奔赴外地，也有很多外地人来到汉口，汉口人如何适应开放的环境，外村人如何融入汉口，需要一个相互调适的过程。汉口人不要因为过去的辉煌故步自封，外来户要熟悉汉口的历史，尊重汉口的文化和传统，齐心合力为汉口的复兴和发展做出贡献。

如果本书对此有所帮助，笔者将感到莫大欣慰。

又及：

在民间流传的“一河两宰相、五里三状元”的说法，需要商榷。

据考证，在历史上，汉口没有人担任过宰相或丞相，更没有出过“两宰相”。程珌长期在朝廷任职，曾经担任过礼部尚书、秘书监丞等要职，主管宫廷机密事务，后人有称“内相”者。家乡后人称程珌为“程相”，是出于对程珌的尊敬，汉川图形上标注的是“程相府前”，比较含蓄。

至于“三状元”的说法可这么解读：程若川高中文、武双榜状元，再加上寄籍状元金德瑛，可以称为“三状元”，但这样解释比较牵强。

为尊重历史事实，“一河两宰相、五里三状元”的说法不宜再用。

公元 2016 年 10 月，北京

十五、历次自驾返乡拾遗

2017 年 4 月 8 日早 6 点，我和老伴刘益萱从北京驱车出发，当天抵达开封，次日到达芜湖。4 月 11 日，载上兄嫂到达屯溪，与从三亚飞来的家彩叔一家三口汇合，4 月 13 日进汉口扫墓。在表妹济平家，一直住到 4 月 18 日。这是我第六次自驾往返徽州老家，前后 13 天，路程 3000 余公里，自觉身体、精力尚能适应。

回想 2008 年清明节首次驾车远行，由北京到苏州，接上祖培兄嫂回到徽州，属自驾远行破冰之旅。

1990年，祖培兄首次从台湾返乡探亲，每年都在家乡住上数月。2003年，已经年过八旬的祖培兄定居苏州，在得知我想自驾返乡时，来电希望我能绕道苏州接上他们，回乡一聚。因为是第一次驾车远行，儿子程路放心不下，一路护送，风驰电掣，当天就到了苏州。

第二天，接上祖培兄嫂，向徽州老家进发。当时，杭徽高速开通不久，一路风景如诗如画，心旷神怡。这是祖培兄自1990年首次回大陆以来，最后一次回到徽州老家，2012年在苏州辞世。

杭徽高速路上

屯溪黄河宾馆

在徽州停留一周，与汉口、屯溪的亲友团聚多次。返程将祖培兄嫂送回苏州以后，在山东临沂歇息一晚，次日沿京沪高速返回北京。

2009年秋，应高中老同学之邀到杭州小聚，家兄声达夫妇正在苏州与老战友聚会，于是顺道驾车到苏州看望祖培，然后会同声达夫妇到杭州。中途曾在江苏沭阳停留一夜。

为了怀旧，杭州老同学为我们预订了老式旧旅店，与20世纪五六十年代别无二致。在杭停留期间，看望了家住杭州的大学老学友严佩雯和王国芳夫妇。严精神尚佳，说话依旧声音洪亮；王因长期糖尿病缠身，已经神志不清。在杭州短聚以后回到徽州，祭扫祖墓、看望亲友。回程取道山东曲阜，拜谒孔庙、参观孔府，见到了 2000 多年前中国最伟大的思想家、教育家和先哲，了却了萦绕半生的心头夙愿。这是我第二次自驾回到徽州。

第三次自驾返乡是 2011 年 5 月，八旬老姐程慧珠思乡心切，想回徽州看看。姐姐和姐夫徐秉涛二老乘火车前往芜湖，我和老伴则驱车南下，到芜湖汇合家兄声达和姐姐、姐夫回到屯溪和汉口。

有车在手，活动方便，在家乡游览了汉口南线的大阜、璜源；东线的源芳、芳田；西线的孝坑、商山等地，有些地方是我们以前从未到过的。

孔庙（曲阜）

姐姐、姐夫在汉口民居前

第四次是 2011 年国庆期间，儿子程路和儿媳侯静新婚不久，带他们回去认祖归宗。先到芜湖看望了声达一家，然后到屯溪和汉口，祭拜祖墓，会见亲友。还参观了休宁中国状元博物馆、黟县西递等地。长假期间，车多人杂，行色匆匆。

第五次是 2013 年 6 月带女儿程晖和外孙女佳雨（泡泡）去认识中国的农村和家乡，行车路线与第四次相仿。在芜湖、屯溪、汉口会见亲朋好友，程晖和泡泡还游览了黄山胜境、歙县棠樾牌坊群和黟县西递等名胜古迹。

程路、侯静新婚之旅（汉口）

佳雨归省（芜湖）

2017 年是第六次驾车南行，主要目的是祭扫祖墓。

前次长途奔袭时，程晖反映老家黄山市的高速收费员微笑服务最好，我一路注意观察比较，确实如此。

驾车出行方便、随性，人生有此一好，不亦乐乎。

2017 年 4 月 23 日记于北京

十六、2017 年返乡纪实

敬祖是徽州人的传统，祖墓修缮是每年必做之事，在每年的清明和冬至两个节气之前，都要将墓地的杂草割除干净，修补洞穴、培植新草。

由于历史变故，汉口的古墓大多被毁，很多都成了茶园。友恭堂五房现仅留存先人墓地 5 处，分别是叔祖父墓，叔祖母、四姑婆、父亲和母亲（合葬墓群），大姑姑和姑父（合葬墓）。

家姐、家兄和我都旅居外地，加之年老体弱，祖墓修缮、祭扫之事都由济平表妹和烟林表妹夫代行，年复一年，也是一个很大的负担。

为了改进祖墓的管理，几年前，家兄声达曾经参照社会学家费孝通的做法提出一个意见：将先人的遗骨深埋，上层土地恢复种植庄稼；后来在电视剧《海棠依旧》中看到周恩来总理对祖墓也是这么处理的。然而，这个意见被果断否决了，原因是不符合徽州的规矩。后来又提出在墓堆周围植树，变墓地为林园的方案也没有通过，原因是树木会阻挡阳光，影响周围乡邻的庄稼生长。按说，上面两个方案都比较符合生态学观点，有利于环境保护，但不符合村情民俗，只好作罢。最后，还是采用了当前民间流行的做法：墓堆和墓圈全部用水泥覆盖，形成一个不透水的墓园。

经过济平和烟林的努力，今年清明节前完成了叔祖母、四姑婆、父亲和母亲三个墓群的修缮，除了用水泥覆盖，还在墓圈上刻上“汉川程氏友恭堂五房墓园”字样。

家兄声达和我约定清明节期间回乡祭扫，姐姐因身体欠佳，不能同行。远在三亚度假的家彩叔得知我们返乡的信息，也计划飞来老家一聚，因家彩婶住院治疗，4 月 10 日以后才能启程，我们的行程计划也就依此制订。

2017 年 4 月 8 日早 6 点，我和益萱驾车从北京出发，沿大广高速南下，途中遭遇大雨，在衡水服务区躲避，下午 3 点到达古都开封，入住黄河迎宾馆。

4 月 9 日下午 3 点左右到达芜湖，入住双翼宾馆。宾馆已经全部重建，设施有很大改进。声达居住的小区也是旧貌换新颜，楼宇整齐，小区像个大花园。

4 月 11 日与声达兄嫂一起驱车赴屯溪，入住三年前曾经住过的地处渐江之滨的荣鼎大酒店，第二天与远道从三亚飞来的家彩叔一家三口汇合。

4 月 12 日上午，拜访程燕秋姑姑，旧屋拆迁换新居，条件改善很多。但是旧屋给我们留下了太多的记忆，20 世纪 90 年代，那里曾是友恭堂亲友在屯溪的活动中心和联络基地之一（另一处是堂嫂汪惠荣家），当年我和祖培兄曾经挤在小客厅那张沙发上度过一夜，令人难忘。中午，燕秋姑姑在附近的徽菜馆为我们这些远乡游子接风。

程燕秋新居

程佩玉新居

下午，看望程佩玉姑姑，如今她是友恭堂最年长的女长辈，是“老佛爷”，今年将度过九秩大寿，虽腿脚不便，但体质尚佳，说话声音洪亮。

晚上，益顺、正顺姐妹俩夫妇在阳湖徽煌府第设宴招待我们三家，屯溪亲友出席作陪，据说徽煌府第是屯溪最大的酒楼，很是气派，硕大一张圆桌，围坐了近20位宾朋。

屯溪亲友合影（徽煌府第）

4月13日上午，我们三家一行7人来到汉口老家，先后祭拜了先祖一帆叔公、叔婆、四姑婆、父亲母亲、庆云叔公叔婆和老邻居灶和叔的墓。

为了保护环境、杜绝火患，一束束鲜花取代了鞭炮和酒水，三鞠躬代替了三跪九叩大礼，表达思念之情。众人发表了简短感言，家彩叔还在现场播放了纪念歌曲。

几处墓地虽相距不远，因建在山坡上，没有道路相通，行走在阡陌山脊，十分艰难，特别是几位上了年纪的女眷，坚持下来，实属不易，表达了后辈人的虔诚之心。参加祭扫的有家彩叔婶、声达兄嫂、声通、益萱、堂兄长清、烟林和程薇（三房），先祖们可以含笑九泉了。

中午，家彩叔、声达和我们三家在汉口酒楼设便宴，席开三桌，招待老家的亲友和我的小学学友，表达我们这些游子对故土和亲人的感激与怀念。时光荏苒，参加聚会的人员数目已经不如前些年，令人感慨。

下午，家彩叔、声达和我造访母校汉口小学，程薇（三房）陪同，倪进生校长接待。我们分别向母校捐赠了阳光助学金，声达还赠送舰载机模型一具，期望母校越办越好，祝福学弟学妹们健康茁壮成长。随后走访已故老乡邻络胡德家（吴德坤切面店）和漆器工艺大帅陆德止家，看望了表弟乐琦和老邻居灶和婶（英妈）。

母校——汉口小学前

汉口合影（济平家）

晚上，济平设宴招待我们三家，尝到久违了几十年的腌猪头肉，似乎童年生活再现；腌肉煮鲜笋、清炖土鸡，现摘的蔬菜，鲜美可口，在城市里很难吃到。以后几天，我们和声达兄嫂一直住在汊口济平表妹家；家彩叔当天住在长清兄家，因有约会，其后几天都住在屯溪。

4 月 14 日，在烟林的陪同下，声达兄嫂和我驱车去洪里镇溪州村看望美玉表妹一家，益萱身体不适，没有同行。上次见到美玉，还是近 30 年前的 1988 年，表妹和妹夫变化都不大。美玉真有福气，已经有了曾外孙女和曾孙，四世同堂，日子过得津津有味，我们也沾光当上了太舅公。

4 月 15 日，谢却应酬，在济平家休整一天。

4 月 16 日上午驱车去小阜村和大阜村观光。这是两个名副其实的山村，近年得益于政府的新农村建设计划，村容村貌都有变化。

中午，友恭堂二房长清兄嫂在家宴请，汊口小学倪校长和乡友程志平作陪。长清兄前些年盖了 4 层楼房，协助旅行社在汊口开展业务，致力乡村公益事业，生活很充实。

4 月 17 日中午，程佩玉姑姑在屯溪老妈土菜馆招待我们这些“外乡来客”，她因老屋拆迁，搬到屯溪上街居住，老妈土菜馆位于三马路附近的新安江边。

4 月 18 日上午，告别济平、烟林，告别老家汊口，来到屯溪。中午我们三家“外来客”设宴答谢屯溪亲友，地点在步行街食惠一楼。发生在这里的最有戏剧性的一幕是友恭堂的两位“程薇”相见了，一位是三房的六十四世，一位是二房的六十五世，属姑侄两代。

午餐之后，约下午 1 点，我们告别屯溪，驱车往芜湖进发，亲友们赠送的家乡土特产装满了后备厢，下午 4 点左右到达芜湖；家彩叔将于次日上午乘高铁赴汊口去看望他的老姐。2017 年清明节在老家的活动至此结束。

孟庙

4月18日上午，告别兄嫂，下午到达孟子故里——山东邹城，入住择邻山庄，山庄取名寓意孟母三迁的故事。4月19日上午拜谒孟庙、参观孟府。此前，我曾两次到曲阜瞻仰至圣先师孔子，这次又拜谒了亚圣孟子，也算功德圆满了。

中午11点离开邹城，晚上8点半回到北京家中，一路顺利、平安。

此次清明节回乡祭祀活动，可以说是天时、地利、人和。今春，老家一直阴雨绵绵，我们回来后，天空放晴，气温适中；在家乡的所有活动，得到汉口和屯溪亲友的支持和帮助；不同辈分的老少亲友热情周到的接待，令我等再次感到家乡和亲情的温暖，在此深表谢意！

再见，老家徽州！我们还会回来！

2017年4月25日，记于北京

附录：人名索引

（续表）

人　名		正　文　页　码
16	程德培	148
17	程发贵（迎祥）	19、20
18	程飞卿	153
19	程逢年	165
20	程逢午（叔信）	74-76、82、97、156
21	程光华（宏璟）	134、135
22	程颢（伯淳）	60、61
23	程宏达	59
24	程鋐（子鋐、坚鸣）	16、17、124、125
25	程华珍（华庆）	139-142
26	程淮（淮公）	8、12、13、16、17、19
27	程寰（寰公）	8、14
28	程季（季公）	8、14
29	程洎	6、21
30	程家柽（韵荪、下斋）	74、101、130-135
31	程家栋（家栋）	134
32	程家骆（吉祥、重远）	139、186-190
33	程家骔（意祥）	139、175、187、193-195、204
34	程兼善（士达）	71、72
35	程节（存节、志坚）	6、7、12、42
36	程金玉	198、199
37	程杭（杭）	12、13
38	程钜夫（文海、雪楼）	9、21、64、152、153

（续表）

人 名		正 文 页 码
39	程可中（仲权）	25、104–108、117
40	程丽芬（春藻）	100、101、130
41	程励清（美丽）	139、175、180
42	程励俗（丽秀）	139、180
43	程亮（克明、东祖）	14、20、21、68、153
44	程履新（德基）	25、99–100、127
45	程眉	168
46	程梦龙	21–23
47	程敏政（克勤）	12、38、48、73、82、88、93、98、103、104、110、159–163、
48	程憨生（四姑婆）	180–183、186、220
49	程南节	8、13、49
50	程南云（南云）	20、21、91、153
51	程祁	7、42
52	程巧红	182
53	程日荣（日荣公）	19
54	程汝玉（元成）	12、107、165–167、214
55	程若畴	59
56	程若川（舜元）	59、67–69、217
57	程若颜	59、168
58	程若庸（达原、徽庵）	9、25、59–65、67、69、75、152、153、156
59	程尚（梦易）	81

（续表）

（续表）

人　名		正　文　页　码
83	程言	48、51
84	程燿（燿）	8、16、19、49
85	程一帆（振杰）	1–5、7、43、135–139、169、174、180、187、191–193、195、202、223
86	程颐（正叔，伊川）	60、61
87	程以琏（以琏公）	19
88	程邑（幼洪、翼苍）	59、126、127
89	程翼堂	2、3、169、171、173、179
90	程隐（逸民）	6、7、42、93、98、103、104、164
91	程英发（千士）	74
92	程应徵	21–23
93	程有容	59、102
94	程佑军（天顺）	148–151、165、184、185、214
95	程宥兴	153
96	程渝	20–22
97	程屿	59
98	程元凤（申甫、讷斋）	70
99	程原（原公）	11、14–17
100	程愿学（希圣、节卿）	65、74、76–80、156、163
101	程沄（仁功）	6–8、10–14、16、17、19–21、35、38、41、46–49、51、92、101、124、138、163、167、169

（续表）

人 名		正 文 页 码
102	程再伊（连叔）	40、59、118、125、126、129
103	程祯	59
104	程阵	48、51
105	程振英（余宝、翰芬）	135、174
106	程栉	21
107	程智足	143
108	程中华（中华）	133、135
109	程仲本（植、古愚）	65、74、79–83、109、156
110	程仲繁（茂林）	8、13、16、19、41、49、124
111	程仲节	8、12、13、49
112	程洙（南窗）	59、70、71、91、102
113	程转兰	151
114	程子尚	158
115	程子颐（涵初、养正）	17、25、119–124
116	程祖培（长贵）	40、187、189、190、218、221
117	程祖仁	168
118	程祖佑	168
119	程作舟	102、127、128
120	邓文原（善之）	76
121	范如珪（文瑞）	107、108
122	范天锡（寿朋）	65、98
123	范准（平仲、沄溪）	60、65–67、81–86、98、102、154、156–158

（续表）

人　名		正　文　页　码
124	方观峰	20
125	方雅生	18
126	归有光（熙甫、震川）	165–167
127	桂德琴（叔婆）	139
128	韩侂胄（节夫）	53、69
129	何白（无咎）	105
130	侯安国（知县）	120、121
131	胡颐（勿斋）	22
132	黄何（景萧）	35、52
133	戢翼翚	132
134	江敏求	102、156
135	金德瑛（汝白、桧门）	9、168、169
136	金应元	168
137	李光融（百顺）	184、185
138	李鸿章	101、130
139	刘双根	8、37、39、43、143–148、165、214
140	茅以升（唐臣）	140
141	梅守箕（季豹、文岳）	105
142	内田良平	132
143	潘之恒（景升）	106–108
144	秦力山	132
145	丘密（宗卿）	53

（续表）

人 名		正 文 页 码
146	饶鲁（双峰）	61
147	善耆（爱新觉罗·善耆）	132
148	沈葆桢（翰宇、幼丹）	101、130
149	沈毅斋（贵瑶、诚叔）	61
150	史弥远（同叔）	55
151	宋郊	4
152	宋教仁	132、133
153	苏洵（明允）	4
154	孙春殷	87
155	孙光宇	23
156	孙普哲	71
157	孙万登（忠勇公）	86、87
158	孙万青（灵仂）	129、130
159	孙兴（忠原）	87
160	孙一元（太白山人）	111–113
161	孙以宽（存仁）	87–89
162	孙稚贰	92
163	孙中山（逸仙）	131、132、134、135
164	孙子厚	87
165	唐棣（唐县尹）	81
166	唐筠轩（长孺）	109
167	陶行知（文濬）	139
168	田顆（德臣）	47、50

（续表）

人 名		正 文 页 码
169	汪道昆（伯玉、南溟）	106
170	汪德好（德好师）	137
171	汪华（世华）	35、90、91
172	汪蓉峰（仲鲁）	66、89、103
173	汪如暄（守静）	114、115
174	汪洗（彦晖）	39、72、89、102、103
175	汪泽瑶（乖巧）	189、200–208
176	汪仲和（贵民）	72–74
177	危素（太仆）	61
178	吴澄（幼清）	64
179	吴德坤（络胡德）	223
180	吴俯（益章）	52
181	吴儆（益恭、恭父）	52、60
182	吴克敏	109
183	吴禄贞（绶卿）	133
184	吴斯望	23
185	辛弃疾（幼安、稼轩）	57
186	兴祥	202–205
187	性觉（程本源）	115
188	性玉（程见源）	115
189	杨行密（化源）	47、48
190	于孔章	134
191	于右任（骚心、髯翁）	141

（续表）

人名		正文页码
192	余广开	198、199
193	虞集（伯生、道园）	80
194	查灶和	200-205、209、223
195	张继（溥泉、博泉）	133、135
196	张之洞（孝达、香涛）	101、130、131
197	章太炎（枚叔、名绛）	132
198	赵炸	77
199	赵汸（子常、东山）	35、73、79-81、89、125
200	赵吉士（天羽、恒天）	60
201	赵汝愚（子真）	52
202	赵时用（德友、霖宁）	40、59、60、102、118、125-126
203	真德秀（希元、西山）	54、57
204	郑玉（子美、狮山）	72
205	朱升（允生、枫林）	35、60、66、71、80、82、83、89、103、109、153-159
206	朱同（大同）	65、81-86、90、154、157、158
207	朱熹（元晦、徽庵）	4、60、61、75、92
208	朱异	157、158
209	祝世禄（知县）	104、106

北

汉口卫星图片(2017 年 3 月)

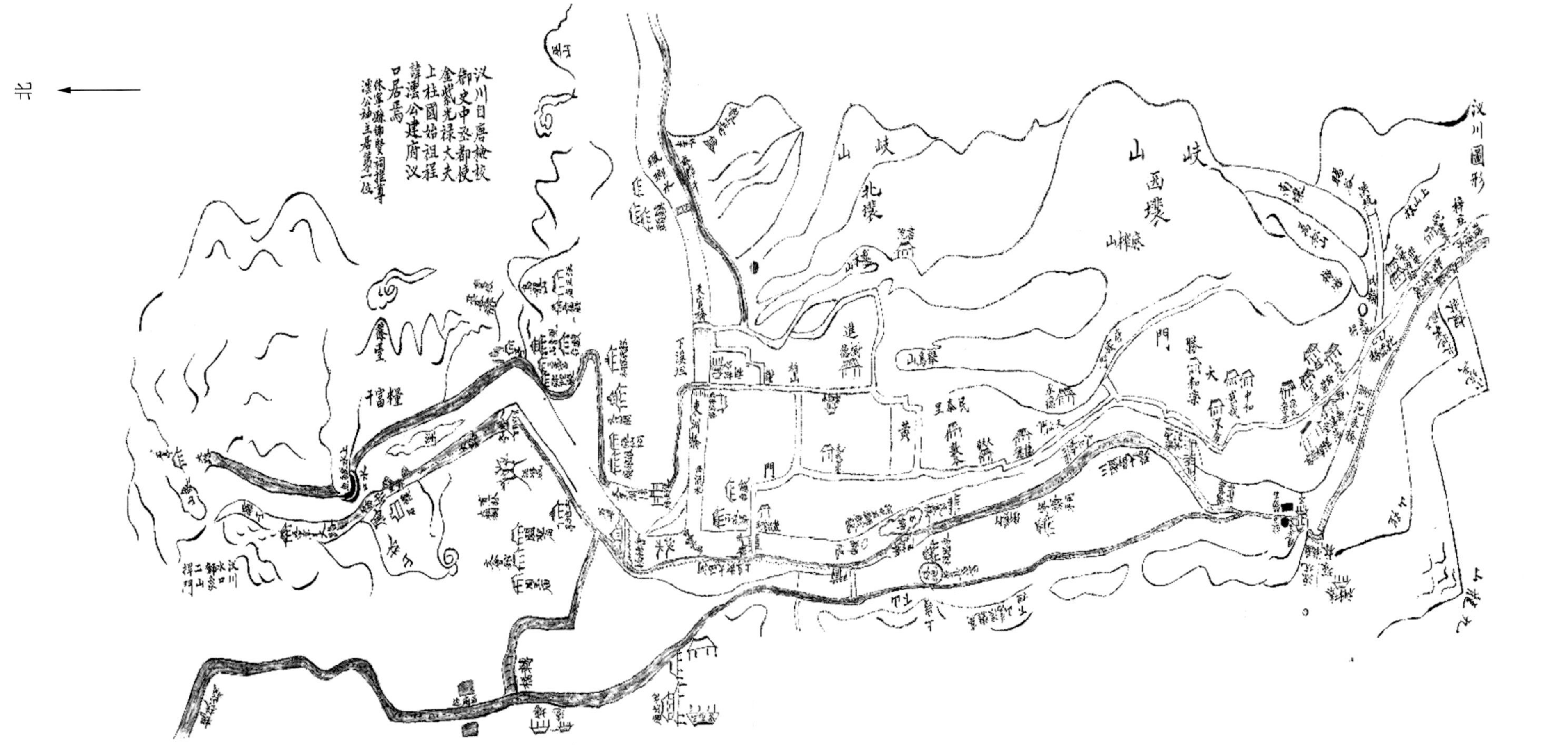

汉川图形(明代,电脑拼接:程路)